KB235174

"평생을 쏟을 수 있는 일을 하라."
_손정의

# 손정의의
## 상식을 파괴하는
## 비즈니스 테크닉

옮긴이 **강신규**

일본 와세다대학 및 동 대학원 경영학과 졸업, 경희대학교 대학원 경영학과 졸업. 현재 유노경영연구소 소장으로 재직하고 있으며 바른번역 소속 전문번역가로 활동하고 있다. 역서로는《현실을 직시하라 – 마에다 가쓰노스케의 원점》,《부동산 10년 대폭락 시나리오》,《일의 80%는 월요일에 끝내라》,《거상들의 시대》,《파워컨셉》,《영국경제 재생의 진실》등이 있다.

**손정의의 상식을 파괴하는 비즈니스 테크닉**

1판 1쇄 인쇄일_ 2011년 8월 10일 ㅣ 1판 1쇄 발행일_ 2011년 8월 17일 ㅣ 지은이_ 미키 다케노부 ㅣ 옮긴이_ 강신규 ㅣ 펴낸이_ 류희남 ㅣ 편집장_ 권미경 ㅣ 교정교열_ 장미향 ㅣ 펴낸곳_ 물병자리 ㅣ 출판등록일(번호)_ 1997년 4월 14일(제2-2160호) ㅣ 주소_ 110-070 서울시 종로구 내수동 4번지 옥빌딩 601호 ㅣ 대표전화_ (02) 735-8160 ㅣ 팩스_ (02) 735-8161 ㅣ 이메일_ mbpub@hanmail.net 트위터@Aquariuspub ㅣ 홈페이지_ www.mbage.com ㅣ ISBN_ 978-89-94803-05-0 03320 ㅣ 이 책의 어느 부분도 펴낸이의 서명 동의 없이 어떤 수단으로도 복제하거나 유포할 수 없습니다. 잘못된 책은 바꿔 드립니다.

# 손정의의
## 상식을 파괴하는
## 비즈니스 테크닉

미키 다케노부 지음
강신규 옮김

물병자리

# 제1장 손정의의 장대한 미래 비전

## 소프트뱅크 신 30년 비전 발표회

## 제2장 손정의식 역전의 성공법칙

### 발표하는 순간 불가능한 것도 가능하게 된다



### 경영의 진면목은 수치에 있다

## 제3장 상식을 깨는 손정의식 업무기법

## 손정의식 속전속결 기법



## 손정의가 원하는 인재상

■ 일러두기
본문에 나오는 각주나 경영상식은 옮긴이가 추가하였습니다.

## 손정의에게 너무 가까이 다가가지 마라

소프트뱅크에 오래 근무한 직원이라면 누구나 아는 다음과 같은 유명한 말이 있다.

"손정의에게 너무 가까이 다가가면 안 된다. 손정의는 태양과 같이 매우 뜨거운 존재여서 너무 가까이 다가가면 불에 타버린다. 그렇다고 너무 멀리 떨어져 있어도 태양열이 미치지 않아 꽁꽁 얼어버린다. 알맞게 따뜻해지는 지구 정도의 거리를 두는 게 중요하다."

앞의 "손정의는 태양과 같이 매우 뜨거운 존재여서 너무 가까이 다가가면 불에 타버린다"라는 말의 의미는 손정의가 일에 집중하는 열의와 열정이 너무 강해서, 손정의가 집중하고 있는 사업이나 프로젝트에 참여하게 되면 숨을 쉴 틈도 잠잘 시간도 사라지게 됨을 의미한다.

예컨대 비서라면 전화를 연결하더라도 1분이라도 빨리 서둘러야 한다. 전화를 받는 상대가 지구 반대편에 있더라도 혹은 한밤중이라 자고 있다 하더라도 촌각을 다퉈야 한다. 자료 작성도 항상 서둘러서 해야 한다. 심지어 밤늦게까지 회의를 하고 다음 날 아침 일찍 회의 결과 자료를 작성하는 것도 예사로 있는 일이다.

또한 구체적인 지시도 잇따라 내려온다. 조금이라도 지체하면 손정의가 직접 팩스 송신까지 해버린다. 그러니 직원들이 멍하니 있을 수가 없다. 그래서 어떤 프로젝트에 차출되면 해당 직원들은 손정의와 함께 맹렬한 기세로 프로젝트를 진행하게 된다.

그다음에 언급한 "너무 멀리 떨어져 있어도 태양열이 미치지 않아 꽁꽁 얼어 버린다"라는 말은 소프트뱅크그룹 내에서도 손정의가 집중하지 않는 사업은 전혀 진행되지 않는다는 의미다. 소프트뱅크그룹에서 사업을 추진하는 원동력은 손정의에게 있다. 아니, 최근 수십 년 동안 일본을 움직이고 있는 한 축이 손정의라고 해도 과언이 아니다. 심지어 손정의는 차기 일본 총리로 거론될 정도다.

손정의는 야후저팬 설립부터 소프트뱅크 모바일의 고속 질주까지 항상 선두에 서서 시대를 리드해 왔다. 실제로 소프트뱅크그룹에서 손정의가 진두지휘하는 사업에 참여하고 있으면 사업이 물 흐르듯 척척 진행된다. 직원들은 세상을 뒤바꾸는 사업에 참여하고 있다는 충만감을 맛볼 수 있다. 이것이 소프트뱅크그룹 직원들을 움직이는 원동력이다.

하지만 손정의의 에너지가 전달되지 않는 사업이나 프로젝트의 담당자는 스스로의 힘으로 목표를 정해 노를 저어야 한다. 당연히 큰 건에 대해서는 용단을 내리기도 쉽지 않다. 또한 사업에 필요한 에너지를 그룹 안팎에서 조달하기도 쉽지 않다.

## 시키는 대로만 하지 말고 머리로 생각을 하라

마지막 부분의 "알맞게 따뜻해지는 지구 정도의 거리를 두는 게 중요하다"라는 말은 손정의의 에너지를 받으면서도 어느 정도 자율적으로 프로젝트를 진행할 수 있는 거리 확보가 중요하다는 뜻이다.

손정의가 진행하는 프로젝트에 참여하고 있으면 일이 일사천리로 진행된다고 말했다. 그러나 그 상태는 롤러코스터를 타고 있는 듯한 느낌이라 경영자가 됐든 직원이 됐든 자신이 하고 있는 일이 맞는지 틀린지를 스스로 돌아보고 생각할 시간적 여유가 없다. 손정의에게서 "이 일을 즉시 처리하라." 또는 "이 회의에 참석하라." 같은 지시가 계속 떨어지기 때문에 도리가 없다. 그러다 보면 스스로 생각할 시간이 없어진다. 그러나 필자가 보기에 소프트뱅크그룹 내에서 주식을 상장해 기업을 공개하는 등, 성장한 회사의 최고경영자는 손정의의 지시를 따르는 데 그치지 않고 자신의 머리로 생각해 필요한 조치를 취한 사람들이다.

예를 들어 손정의는 "이 사업과 관련된 콘텐츠 1,000개를 다음 달까지 수집하시오"라고 지시할 때가 많다. 보통은 콘텐츠를 수집하기 위해 여러 콘텐츠 회사를 찾아다니면서 정보를 취합하게 된다. 그러나 손정의가 지시한 대로 콘텐츠 1,000개를 단번에 수집하기는 생각처럼 쉽지 않다. 그러면 다음번 회의에서 손정의의 따끔한 질책을 받게 된다.

그러나 콘텐츠 1,000개를 수집한다는 목표 달성이 반드시 불가능한 것도 아니라고 가정하고서 어떤 방법이 있을지 일단 생각해 보는 시간을 갖는 것이 중요하다. 어쩌면 해당 업계에만 존재하는 관행이 장벽으로 작용했을지도 모른다. 아니면 이미 동일한 비즈니스 모델을 전개해 시장을 선점한 회사가 있을지도 모른다.

이러한 방법으로 정보를 수집하지 않으면 적절한 대안이 떠오르지 않는다. 뿐만 아니라 아무리 손정의가 천재적인 경영자일지라도 모든 사업에 대한 정보를 수집해 모든 대안을 찾아낼 수도 없는 법이다. 그 때문에 손정의에게서 특정 지시를 받으면 해당 사업의 담당자는 행동하기 앞서 일단 생각해 보는 것이 필요하다.

실제로 소프트뱅크그룹의 한 경영자는 "손 대표에게서 지시를 받는 횟수는 한 달에 한 번이 적당하다. 그 이상 되면 처리해 내기 힘들다"라고 말한 적도 있다. 이것이 "알맞게 따뜻해지는 지구 정도의 거리를 두는 게 중요하다"라는 말의 속내다.

## 지금 왜 이 책을 주목해야 하는가?

소프트뱅크는 2000년 무렵 이미 손정의가 은퇴하더라도 기업이 원활하게 돌아가는 것을 목표로 소프트뱅크를 순수지주회사로 하는 그룹 구조를 실현했다. 그때 완성된 그룹 헌장의 초안을 필자가 기안했다.

어떤 의미에서 당시 손정의는 자신이 제일선에서 물러나더라도 그룹은 저절로 성장하리라 여겼다. 그러나 그 직후 나스닥시장이 침체되면서 IT기업들의 주가가 폭락했다. 소프트뱅크의 주가도 폭락해 소프트뱅크가 경영 위기라는 소문이 세간을 떠들썩하게 했다.

그러나 손정의는 2001년 ADSL*을 시작으로 브로드밴드(초고속인터넷) 사업을 시작했고 그 후 일반전화 · 휴대전화로 사업을 확대해 지금은 그룹 매출(2010년 연결결산) 2조 7,000억 엔, 직원 수 2만 2,000명을 웃도는 규모로 성장했다.

그러나 그와 같은 거대 통신 기업화가 진행되는 중에도 IT기업으로서 신규 사업을 잇달아 추진하려는 계획은 연기되었다. 그 때문에 SNS** 등 몇몇 분야에서는 신생 IT기업들에 뒤처지게 되었다. 지금은 손정의 자신이 몇몇 새로운 분야를 직접 진두지휘하고 있다. 예

---

*ADSL Asymmetric Digital Subscriber Line : 비대칭형 디지털 가입자망. 기존의 전화선을 이용하여 컴퓨터가 데이터 통신을 할 수 있게 하는 통신수단.
**SNS Social Networking Service : 소셜네트워킹서비스(관계맺기)로 온라인상에서 불특정 다수와 관계를 맺을 수 있는 서비스. 트위터 · 페이스북 등이 대표적이다.

를 들면 동영상 공유 서비스, 소셜 게임 등과 같은 사업 분야다.

그러나 손정의는 자신이 직접 진두지휘를 해야만 사업이 성장하는 조직이라면 분명 문제가 있다고 인식했다. 그래서 2010년 300년 동안 성장하는 조직 구축과 후계자 육성을 목표로 하는 소프트뱅크 아카데미아를 개설했다.

필자가 이 책을 집필해야겠다고 결심한 이유도 이와 관련이 있다. 손정의는 경영비전·조직비전과 인재육성을 체계화하고자 했다. 현재 진행 중인 소프트뱅크의 변혁과 때를 같이하여 책이 완성되면 소프트뱅크그룹 내의 경영자와 직원들에게 도움이 될 뿐만 아니라, 일선에 있는 경영자와 비즈니스맨들에게도 자극이 되리라 확신한다.

## 필자와 소프트뱅크의 관계

필자는 1998년 소프트뱅크에 입사했다. 그러나 손정의에 대해서는 고등학교 시절부터 알고 있었다. 필자도 손정의가 다녔던 구루메대 부고久留米大學附設高校에서 공부를 했는데 손정의의 동생인 손태장(1972~ )과 같은 학년이었다. 그때 손태장을 통해 "도쿄에서 큰 회사를 경영하는 형이 있다"는 이야기를 들었다. 참고로 말하면 전 라이브도어사* 사장이었던 호리에 다카후미(堀江貴文, 1972~ )도 필자와 같은 학년이었다.

처음에 필자는 손정의의 수행비서라는 직책을 맡았다. 사장실이 비서실 기능 외에 그룹의 경영전략 기능을 겸하게 되면서부터는 경영전략을 담당했다. 그러다가 2000년 사장실 실장이 되었다. 소프트뱅크가 순수지주회사가 되었을 때는 직원이 단 한 명뿐인 적도 있었다. 그 때문에 자연히 손정의와 밀착하게 되었다.



**＊라이브도어사**Livedoor : 호리에는 도쿄대학에 다니던 1996년 인터넷 홈페이지 제작업체인 '온더엣지'를 설립한 것을 시작으로 벤처업계에 뛰어들었다. 사업을 시작한 지 10여 년 만에 공격적인 기업사냥을 통해 40여 개 회사를 거느린 그룹 총수가 되었다.

그는 IT 붐의 주역이자 일본에서는 드문 일이었던 적대적 M&A를 거침없이 추진하는 모습 등으로 특히 젊은 층의 인기를 끌었다. 프로야구 긴테쓰 구단(현 오릭스) 인수와 니혼TV에 대한 적대적 M&A 선언 등으로 화제를 불러일으켰다. 《100억 엔 버는 방법》,《돈 잘 버는 사람》 등 그가 펴낸 책들은 베스트셀러가 됐고, 한때 일본 언론은 '창조적 파괴자'라는 의미에서 그를 일본 전국시대에 통일의 기틀을 다진 오다 노부나가(織田信長, 1534~1582)에 비유하며 일본 사회에 활력을 불어넣고 있다고 평가하기도 했다. 물론 편법과 탈법으로 기업사냥에만 몰두한다는 비판을 받기도 했다.

그러나 호리에의 몰락은 한순간에 찾아왔다. 2006년 1월 호리에는 분식회계와 주식거래법 위반 혐의로 체포되었고, 같은 해 4월에는 라이브도어의 상장이 폐지됐다. 벤처의 총아에서 희대의 사기꾼으로 전락하는 순간이었다. 그 후(2010년 4월) 우리나라의 NHN이 63억 엔에 인수했다.

그 시기에는 손정의에게 보고하러 오는 그룹사의 CEO와 간부급 사원들의 이야기를 사전에 듣고 우선순위를 정해 손정의의 스케줄에 집어넣었다. 또한 손정의가 결재하는 모든 서류를 미리 점검했다.

그러는 과정에서 자연스레 손정의가 어떤 생각을 하고 있는지 알게 되었다. 그룹사의 CEO와 간부급 사원들에게 "자네에게 미리 이야기하면 손 대표가 책상을 톡톡 치면서 지적하기 전에 미리 수정할수 있어서 마음이 놓인다"라는 말을 듣기도 했다.

필자가 관여했던 프로젝트로는 나스닥저팬(현 다이쇼大証 신 자스닥시장) 개설, 일본채권신용은행(현 아오조라은행) 인수 등이 있으며, 모두 프로젝트 팀장을 맡았다. 그 후 야후BB(인터넷접속 서비스)에서는 서비스기획본부부터 품질관리본부, 서비스운용본부, 지원본부, 관리본부 등의 장을 역임했다.

그 후 필자는 독립해 IT관련 사업을 지원하는 (주)저팬 플래그십 프로젝트Japan Flagship Project를 설립했다. 독립한 이유 가운데 하나는 손정의가 그 시점에서 무슨 생각을 하고 있는지 알게 되었다손 치더라도 반듯한 경영자가 되려면 아직 멀었다고 자각했기 때문이다. 손정의와 같은 경영자가 되려면 독립해서 스스로 최고경영자 자리를 경험하는 수밖에 없을 것 같았다.

어쨌든 소프트뱅크에서 근무한 경험을 통해 손정의의 그룹총수로서의 업무처리 기법과 손정의가 요구하는 비즈니스맨으로서의 업무처리 기법을 충분히 배울 수 있었다.

이 책은 크게 두 부분으로 나뉜다. 전반부는 '소프트뱅크 신 30년 비전'에 입각해 '300년 영속하는 조직 구축'에 대해 2010년 7월 소프트뱅크 아카데미아 개교식에서 진행된 내용을 곁들여서 소개한다.

후반부는 여러 위기를 극복한 손정의의 업무기법 및 소프트뱅크에서 손정의가 요구하는 비즈니스맨으로서의 업무처리 기법을 소개한다. 특히 손정의가 불리한 환경 속에서도 역전에 역전을 거듭해 지금과 같은 그룹 총수에 이르게 된 업무기법을 필자가 아는 한 자세히 설명했다. 때문에 이 책은 최고경영자부터 젊은 비즈니스맨에 이르기까지 다양한 독자들에게 피가 되고 살이 되리라고 확신한다.

이 책이 불황에서 벗어나고자 새로운 돌파구를 찾고 있는 독자들에게 도움이 되기를 진심으로 바란다.

2010년 11월

미키 다케노부三木雄信

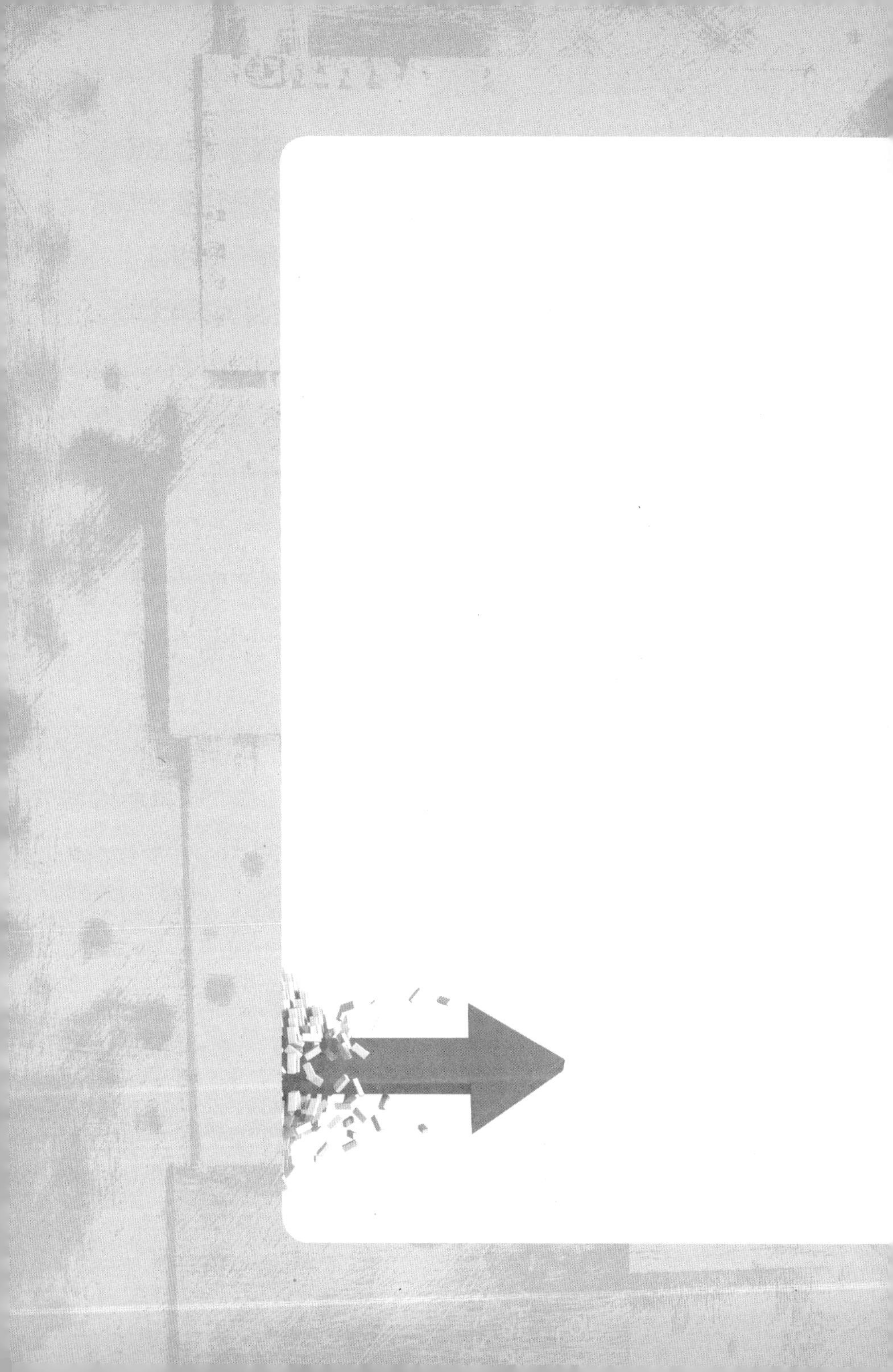

# 제1장

# 손정의의
# 장대한 미래 비전

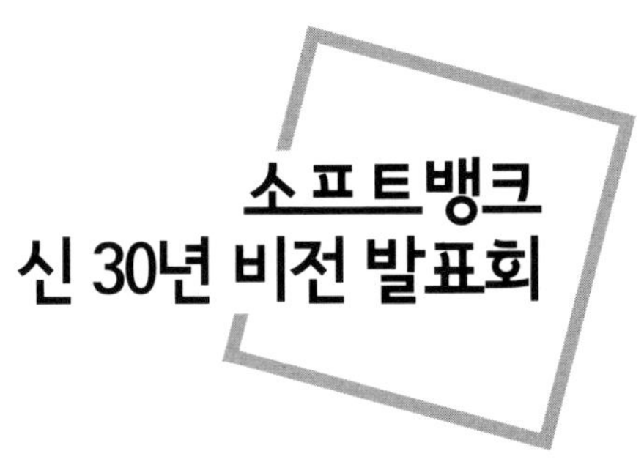


## 항상 선두에 서서 달려온 손정의

1981년 미국에서 돌아온 손정의는 1년 6개월 동안의 사업구상을 끝내고, 소프트웨어 유통사업을 하기 위해 후쿠오카현에 소프트뱅크를 설립했다. 설립자금은 1억 엔. 손정의가 미국에 설립한 유니슨 월드Unison World라는 소프트웨어 개발회사가 당시 일본에서 커다란 붐을 일으켰던 인베이더 게임*을 수입해 미국 중고시장에서 저렴하게 판매해 모은 돈이었다.

당시 소프트뱅크 창립 행사에서 손정의가 귤상자 위에 올라가 "앞으로 1조, 2조 엔 되는 매출을 기록하는 기업이 되겠다"고 선언하자 아르바이트 직원 두 명이 지레 겁을 먹고서 그만둔 일화는 잘 알려져 있다. 그 후 소프트뱅크는 소프트웨어 유통, 출판, 벤처캐피털,

야후저팬, ADSL, 일반전화, 휴대전화 사업에 진출함으로써 사업영역을 넓혀 갔다. 1994년에는 기업을 공개했고, 1998년에는 도쿄 증권거래소* 1부에 상장했다.

그러나 그 후 오늘에 이르기까지 소프트뱅크가 걸어온 길은 결코 순탄하지 않았다. 2000년 2월 15일 소프트뱅크는 주식시장에서의



**＊인베이더 게임**invader game : 일본 기업 타이토Taito에서 1978년에 판매한 게임의 일종으로 우주에서 온 침략자를 격퇴한다는 줄거리이다. 일본에서 동전 부족 사태를 낳을 만큼 큰 인기를 모았다.

인베이더 게임기

**＊도쿄 증권거래소** : 일본에는 도쿄·오사카·나고야·삿포로·후쿠오카 등 5개 도시에 각각 하나씩 증권거래소가 있다. 도쿄 증권거래소는 1878년에 설립되었으며, 뭄바이 증권거래소 다음으로 아시아에서 오랜 역사를 자랑한다. 일본에서 가장 규모가 크고 1,300개 이상의 기업이 상장되어 있다. 시가총액 면에서 뉴욕 증권거래소에 이어 세계 두 번째로 큰 증권거래소다. 대형 우량주 중심의 1부 시장과 중소형 기업 중심의 2부 시장으로 나뉜다. 2011년 3월 11일자 〈니혼게이자이〉 보도에 따르면, 도쿄 증권거래소와 오사카 증권거래소는 지주회사 아래 현물과 파생상품의 기능 분담을 명확히 한다는 방침하에 도쿄 증권거래소의 1부와 2부, 오사카 증권거래소의 1부와 2부 시장을 통합해 현물주식을 취급하고, 파생상품 거래는 별도의 조직을 두는 방식으로 재편할 예정이다.

기업 가치를 보여 주는 시가총액이 21조 8,000억 엔을 기록해 일본 기업들의 시가총액 순위에서 NTT도코모에 이어 2위에 올라섰다. 그러나 즉시 IT버블 붕괴로 말미암아 주가가 급락해 시가총액이 약 100분의 1 수준까지 하락했다. 한때는 경영 위기라 불릴 만큼 최악의 상황으로 내몰렸다.

그렇지만 손정의는 그러한 최악의 상황을 '제2의 창업'의 계기로 삼고 브로드밴드와 휴대전화 사업을 추진했다. 그리하여 지금은 그룹 전체 매출(2010년 연결결산 기준) 2조 7,000억 엔, 직원 수 21,000명을 웃도는 규모로 성장했다. 2011년 3월 결산에서는 본업의 이익을 나타내는 경상이익이 4,658억 엔, 순이익은 967억 엔을 기록해 영업이익과 순이익 모두 과거 최고치를 갈아치웠다. 손정의는 결산 회견에서 영업이익 예상 순위에서 "NTT Nippon Telegraph and Telephone Corporation, NTT도코모에 이어 3위가 될 것"으로 예상한다고 말했다. 그리고 2011년 3월 결산에서는 영업이익 5,000억 엔 이상을 목표로 한다고 선언했다.

설립 이래 지금까지 소프트뱅크의 경영은 손정의가 만성간염 때문에 일선에서 물러났던 몇 년을 제외하고는 그가 거의 진두지휘했다. 특히 ADSL 사업 진출 이후 몇 년 동안은 제2의 창업이라 여겨 하루도 쉬지 않고 밤늦게까지 일했다. 지금도 휴대전화 관련 업무에서는 "손 대표가 때로는 손 과장이 된다"라고 말하는 직원들이 있을 정도로 그는 세세한 부분까지 직접 지시한다.

## 손정의 2.0

2010년 소프트뱅크는 창립 30주년을 맞이했다. 2010년 6월 25일, 손정의는 그룹 각사의 직원들을 모아 놓고 '소프트뱅크 신 30년 비전'을 발표했다. 동시에 후계자를 육성하기 위한 교육기관인 소프트뱅크 아카데미아Softbank Academia의 개교를 알렸다.

소프트뱅크 아카데미아란 손정의의 후계자(손정의 2.0) 발굴과 육성을 목적으로 하는 학교다. 교육은 도쿄 소프트뱅크 본사에서 월 1~2회 목요일 저녁에 진행한다. 손정의가 직접 강의하며 수강생의 발표에 대해 피드백을 하기도 한다.

정원 300명 가운데 270명은 그룹사에서, 30명은 외부 지원을 통해 선발한다. 2010년 7월 28일부터 소프트뱅크 홈페이지를 통해 접수했다(10월 1차 공모 종료). 응모자 연령은 손정의의 후계자라는 점을 고려해 20~50세로 제한했다.

손정의는 트위터를 통해 현재 회사를 설립해 경영하고 있는 사업주도 지원할 수 있다고 밝혔다. 인터넷을 통한 지원은 접수 시작 24시간 만에 3,700명을 넘어섰다. 외부 정원이 30명이므로 그 시점에서 벌써 경쟁률이 약 123:1이었다. 수강생이 되는 것 자체가 하늘의

별 따기였다. 지원종료 시점에는 경쟁률이 훨씬 높았다.

외부 지원자의 접수를 받기 시작하면서 손정의는 그룹 내에서 선발된 교육생들을 모아 놓고 아카데미아 개교식을 거행했다. 그 모습은 유스트림*에서 동영상으로 누구나 볼 수 있다. 개교식에서 손정의는 "후계자는 십여 년 후 아카데미아 수료생 가운데서 선발할 것이며, 그 후 저는 교장으로서 십여 년 동안 강의를 하겠다"라고 발표했다.

외부 지원자들도 최종면접은 손정의가 직접 했다. 최고경영자가 자신의 후계자를 사내에서 몇 년에 걸쳐 육성·선발한 예는 있지만, 일반 공모로 육성하는 경우는 전례가 없는 일이다.

아카데미아에서는 교육생들이 일정한 주제를 가지고 각자 발표하고 손정의와 다른 교육생들이 채점과 피드백을 하는 '후계자 수련



*유스트림Ustream : 한마디로 '트위터로 하는 인터넷 생방송'이라고 할 수 있다. 스마트폰이나 컴퓨터에 내장된 카메라 등으로 간단히 현장을 실시간으로 중계할 수 있다는 이점 때문에 세계적으로 급속히 사용자가 늘고 있으며 차세대 미디어로서 크게 각광받고 있다. 140자 미만의 단문 메시지로 실시간 소통할 수 있는 것이 트위터라면, 유스트림은 동영상을 보면서 트위터로 실시간 대화할 수 있기 때문에, 트위터가 한 단계 업그레이드된 것이다. 그래서 많은 사람들은 소셜미디어의 발전이 트위터·페이스북을 거쳐 마침내 유스트림에서 꽃을 피우게 되었다고 말한다.

자’ 등의 프로그램이 실시된다. 또한 코스 프로그램은 글로벌CEO 코스와 국내CEO 코스 2개로 나뉜다.

## 인생 50년 계획이란?

2010년 8월 11일 손정의는 53세를 맞이했다. 그는 고등학교 때 이미 다음과 같은 ‘인생 50년 계획’을 세웠다.

“20대에 전쟁터에 나가 이름을 떨치고, 30대에 군자금을 모으며, 40대에 일생일대의 승부를 걸며, 50대에 사업을 완성한 다음, 60대에 다음 세대에 사업을 계승한다.”

과거 최고경영자들 중에도 탁월한 경영자는 많았다. 그러나 이들 중 많은 사람이 일시적인 성공은 거두었으나 후계자 육성에 실패해, 결국 기업도 도산하는 결과를 낳고 말았다. 그리하여 손정의는 자신이 최고경영자로서 성공한 다음의 일까지 고려해 고등학생 때 이미 최고경영자로서 살아갈 인생 50년 계획을 세웠던 것이다.

실제로 손정의는 20대에 소프트뱅크를 설립했고, 30대에 기업을 공개했으며, 40대에 ADSL 사업·휴대전화 사업 등 통신사업에 진출했다. 돌이켜 보면 손정의는 자신의 계획대로 걸어온 셈이다.

제아무리 카리스마 넘치는 경영자라도, 아니 그런 경영자일수록 최고경영자 자리를 적절한 시기에 물려주기가 어렵다. 자신이 최고경영자 자리에 눌러앉아 70세, 80세가 되어도 계속 군림하려고 한다. 설사 최고경영자 자리에서 물러나더라도 회장으로 남아 계속 실권을 쥐고자 한다.

최고경영자라는 직책은 겪어 본 사람만이 알겠지만, 적어도 회사가 일정한 성장을 이룩한 다음 안정기에 접어들면 그처럼 편한 자리가 없다. 자신의 스케줄을 스스로 정하고 누구에게 명령을 받을 필요도 없다. 사내에선 물론 사회적으로도 최고경영자로서 각별하고도 극진한 대우를 받는다. 만약 최고경영자 직위를 내려놓게 되면 사내뿐만 아니라 외부에서의 사회적인 지위도 사라지는 듯한 느낌이 들게 되므로 끝까지 자리를 지키려는 것이다.

물러날 타이밍을 놓치게 되는 또 하나의 원인은 최고경영자 주위의 간부급 사원들의 목소리이다. 간부급 사원들은 "최고경영자 자리에서 물러나시면 아무도 그 자리를 대신할 수 없습니다." "아직 후계자가 육성되지 않았으니 좀 더 일해 주십시오." 등 듣기 좋은 말을 한다. 그러면 최고경영자도 사람인 탓에 "그래, 아직 할 수 있어!" "내가 없으면 회사가 제대로 돌아가지 않지." "후계자가 확실히 자리를 잡으려면 아직도 2~3년은 필요하다"고 여기게 된다.

이것은 최고경영자가 바뀌면 사내에서도 세대교체가 단행되기 때문에 이를 피하고 싶은 심리를 반영한 것이다. 최고경영자 측근의 간부일수록 이런 심리는 더욱 강하게 작용한다. 이들의 간청을 비판 없이 받아들이는 최고경영자라면 물러날 타이밍을 놓치게 되는 것이 당연하다.

그러나 실제로 사람은 나이를 먹으면 두뇌가 굳어져 새로운 것을 수용하거나 새로운 발상을 하는 것 자체가 어려워진다. 결국 변화에 뒤처지는 일이 생긴다. 그 결과 회사의 전략도 시류에서 벗어나 적절하게 대응하지 못하게 된다.

손정의는 최고경영자가 적절한 시기에 그만두는 것이 어렵다는 사실을 일찍부터 예견해 인생 50년 계획을 세웠고, 그에 맞춰 후계자 육성을 50대부터 시작한 것이다.

## 왜 최고경영자는 후계자를 육성하지 못하는가?

불세출의 경영자라 일컬었던 전임 경영자의 뒤를 이어받은 후계자가 전임 경영자보다 뛰어난 실적을 올리기 위해 무리하게 사업을 확장하다 실패한 사례가 많다. 자신이 전임 경영자와 비교될 것을 마음에 두었기 때문이다. 또한 후계자감으로 충분히 육성되지 않았는데도 불구하고 무리하게 대표직을 물려주어도 좋은 결과를 기대하기 어렵다.

사실 전대의 탁월한 경영자의 뒤를 이어 그에 못지 않은 경영을 하기란 대단히 어려운 일이다. 왜냐하면 탁월한 경영자는 대개 카리스마형 경영자이며 경영에 필요한 전체적인 조직을 짤 수 있어야 한다. 밑바닥부터 시작해 정상까지 올라온 탁월한 경영자는, 수십 년간 쌓은 현장 지식부터 최종적인 경영판단까지 모든 역량이 그 한 사람에게 집중되어 있다. 그 결과 그의 카리스마 있는 한마디가 떨어지기 무섭게 조직이 움직이게 된다. 직원들이 모두 그 경영자 한 사람만 바라보고 있기 때문이다.

이런 기업은 후계자가 조직을 제대로 이끌 수 없다. 지시를 기다리는 체질이 몸에 배어 쉽게 사라지지 않을 뿐만 아니라, 예전의 동료였던 후계자에게서 지시받는 일 자체를 탐탁지 않게 여기기 때문이다. 그 결과 제아무리 우수한 후계자가 들어와도 조직이 원활하게 돌아가지 않으므로, 창업주가 다시 전면에 나서곤 한다. 이런 사태를 피하기 위해서는 카리스마형 경영자를 대신할 수 있는 사람이 한 사람만으로는 부족하다.

손정의의 목표는 다음 세대에 대한 계승에만 있지 않다. 300년 이상 계속 성장하는 소프트뱅크그룹이 그의 진정한 목표다. 그는 1대 후계자의 뒤를 이을 2대, 3대도 대비해야 한다고 인식하고 있었다. 그러기 위해선 후계자를 연속해서 배출하는 시스템을 만들어야 했다. 이러한 이유에서 탄생한 것이 소프트뱅크 아카데미아다.

## "뜻밖에도 대표직을 명받았습니다"라고 말하는 자는 자격 미달

소프트뱅크 아카데미아 개교식에서 손정의가 여러 차례 강조한 내용이 있다.

"일본 대기업의 신임 CEO들은 취임 기자회견에서 '뜻밖에도 대표직을 명받았습니다'라고 말하는 게 틀에 박혀 있다. 그러나 그런 사람은 대표직에 적합하지 않으며 CEO가 될 자격이 없다."

실제로 일본 대기업의 신임 CEO들 중에는 이렇게 말하는 이들이 많다. 아마도 "저는 회사를 위해 몇 십 년간 열심히 일만 했을 뿐 대표 자리를 의식해 일하거나 인간관계를 쌓은 건 아닙니다"라는 뜻을 강조하고 싶었을 것이다. 즉, 무욕과 성실성을 강조하는 일본인 특유의 어법이다.

그러나 손정의가 추구하는 경영자상과는 거리가 있다. 손정의는 자신이 인생 50년 계획을 세웠듯이 최고경영자라면 당연히 자신의 인생에 대해 확실한 계획을 세워야 한다고 생각한다. 자신의 인생에서도 뚜렷한 계획을 세우지 않은 사람이 몇 만 명 되는 직원을 이 끄는 수장으로서 기업의 나아갈 바를 제시하기란 불가능하기 때문 이다.

CEO의 업무와 일반 직원의 업무는 근본적으로 다르다. CEO라면 적어도 미래가 어떻게 변할 것인지 상상력을 발휘하면서 비전을 구상해야 한다. 그런 의미에서 CEO는 발상의 틀을 뛰어넘을 필요 가 있다.

반면 사원이라면 상사가 있다는 전제하에서 보면 어느 정도 일정 한 틀에서 생각할 수밖에 없다. 왜냐하면 상사의 지시를 착실히 수 행할 것이 요구되기 때문이다. 상사의 지시에 일일이 "근본적으로 더 나은 방법이 있습니다." 등과 같이 토를 다는 건 부하직원으로서 바람직한 모습이 아니다.

사원으로서 아무 생각 없이 상사가 시키는 일만 하다가 어느 날 갑자기 CEO가 된 사람은 준비된 CEO가 아니다. CEO에게 요구되는 비전을 쌓는 능력은 하루아침에 길러지지 않기 때문이다. "뜻밖에 도 대표직을 명받았습니다"라고 말하면 이미 때가 늦은 셈이다. 사 원일 때부터 철저히 몸소 훈련을 거듭해야 한다. 그런 의미에서 손 정의의 "뜻밖에도 대표직을 명받았다고 말하는 자는 CEO가 될 자격 이 없다"라는 지적은 너무도 당연한 말이다.

## 사카모토 료마에게서 배운 큰 뜻

소프트뱅크의 기업이념은 '디지털 정보혁명을 통해 사람들의 지식과 지혜를 공유하고 기업가치 극대화를 실현하는 동시에 인류와 사회에 공헌한다'이다. 이 경영이념은 손정의의 '큰 뜻' 그 자체라 할 수 있다.

손정의가 큰 뜻을 품게 된 계기를 마련해 준 책이 있다. 그가 열다섯 살 무렵에 읽은 시바 료타로*의 《료마가 간다》다. 손정의가 NHK 대하드라마 〈료마 일대기〉를 열심히 보고 있다는 사실은 트위터를 통해서도 널리 알려진 사실이다. 〈료마 일대기〉가 방영될 시간이 되면 트위터에 손정의의 '독백'이 점차 늘어난다. 그는 트위터에 때로는 너무 감동해 눈물을 쏟기도 했다는 말을 남기기도 했다. 손정의에게 사카모토 료마*는 절대적인 우상이다.

손정의는 초등학교 시절부터 축구·검도·야구를 잘하는 명랑한 소년이었다. 그러나 독일 문학가 헤르만 헤세의 《수레바퀴 밑에서》를 읽을 정도로 사색을 즐기기도 했다. 《수레바퀴 밑에서》는 정신적으로 괴로워한 나머지 자살 시도를 하기도 했던 헤세 자신의 체험이 반영된 소설이다. 천재적인 재능을 지닌 주인공 한스 기벤라트는 오직 공부만 시키는 신학교에 회의를 품고 고뇌하다 결국 신학교를 그만둔다. 공장 노동자로서 삶을 시작하려고 하지만 그 또한 고민하다 결국 술에 취해 강에 떨어져 죽는다는 암울한 이야기다.

**＊시바 료타로**(司馬遼太鷲郎, 1923~1996) : 일본식 역사소설의 황금기를 열어 국민작가가 되었고, 일본 역사소설을 완성시킨 소설가다. 지식인들 사이에서 '일본의 국사'라고 불리는 그는 한국에도 많은 독자를 가지고 있다. 당시까지 사카모토 료마는 일본인들에게 널리 알려진 인물이 아니었는데, 《료마가 간다》를 통해 메이지유신의 숨은 공로자로 료마라는 인물이 있었음을 많은 일본인이 알게 되었다. 일본에서 료마의 이미지는 《료마가 간다》로 인해 만들어졌다고 한다. 작가가 역사 속에 숨어 있는 인물을 발굴해서 대중에게 널리 알린 사례다.

**＊사카모토 료마**(坂本龍馬, 1836~1867) : 일본 에도시대(1603~1867)의 무사로, 대정봉환(大政奉還, 국가통치권을 천황에게 돌려준 사건)을 주도해 실질적으로 일본의 근대화를 이끈 인물이다. 서로 대립 관계에 있던 사쓰마번(薩摩藩, 지금의 가고시마현)과 조슈번(長州藩, 지금의 야마구치현)의 동맹 및 막부와 번의 통일을 성사시킴으로써, 메이지유신을 통해 중앙집권적인 근대국가로 나아갈 수 있는 발판을 마련했다. 도쿠가와 이에야스(德川家康, 1543~1616), 오다 노부나가(織田信長, 1534~1582)와 함께 일본 역사상 가장 위대한 인물로 꼽힌다.

그러나 중학교 때 가정교사가 "그런 슬픈 책은 읽지 마라. 사내라면 더욱 밝은 책을 읽어야 한다"라며 권한 책이 《료마가 간다》다. 손정의가 《료마가 간다》를 읽었을 때는 자신에게 이 책이 어떤 의미를 가져다줄지 전혀 몰랐다고 한다.

그러나 그때의 느낌에 대해 그는 강연회에서 이렇게 말했다.

"무언가 대단한 일을 하고, 많은 사람을 돕고 싶었습니다. 나 자신 또는 가족의 사리사욕에 관심을 두기보다는 스스로 인생을 불태우고 싶었습니다. 온몸이 찢겨 나간다 해도 반드시 그렇게 하고 싶었습니다. 그런 생각이 강하게 싹텄던 것 같습니다."

이와 같은 큰 뜻을 품은 손정의는 구루메대 부고 1학년 1학기가 끝날 무렵 미국 유학을 가기 위해 자퇴한다. 당시 그의 성적이면 도쿄대학 입학도 무난했다. 때문에 학교 선생님과 친구들의 만류가 상당했다. 게다가 부친이 피를 토해 병원에 입원해 있었다. 친척들도 "병중인 아버지를 두고 미국에 가는 건 너무하다"고 말렸다. 그러나 손정의는 더 이상 물러날 곳이 없어야 무언가를 해낼 수 있다며 결국 미국으로 건너갔다.


## 한 사람과 한 장의 사진이 인생을 바꾸다

미국 유학이 결정되자 손정의는 일본맥도널드의 설립자 후지타 덴(藤田田, 1926~2004) 씨를 찾아갔다. 하지만 이름도 없는 평범한 소년을 재계의 거물이 만나 줄 리 없었다. 그러나 손정의는 계속되는 거절에도 아랑곳없이 몇 번이고 회사를 찾아가 후지타 씨와의 면담을 요청했다. 결국 그의 끈질긴 요청에 후지타 씨도 허락할 수밖에 없었다.

후지타 씨는 1926년생으로 도쿄대학 재학 중 수입업을 전문으로 하는 후지타상점을 차렸고 그 후 일본맥도널드·일본토이저러스 등을 설립한 독특한 경력의 경영자다. 한때는 손정의의 초빙으로 소프트뱅크의 사외이사를 맡기도 했는데 안타깝게도 2004년 타계했다.

당시 손정의는 미국에 가면 무엇을 공부하면 좋겠느냐고 물었다. 그때 후지타 씨는 "앞으로는 컴퓨터 시대다. 컴퓨터를 공부하라"라고 권했다. 이것이 손정의가 소프트뱅크를 통해 디지털정보혁명의 길을 걷기 시작한 최초의 계기가 되었다.

또 하나 손정의의 인생을 바꾼 것이 있는데, 그것은 한 장의 사진이다. 미국으로 건너간 손정의가 공부하는 틈틈이 읽은 잡지에 실려 있었던 IC칩 사진이었다. 사진 속에서 IC칩이 반짝반짝 보석처럼 빛나고 있었다. 손정의는 "인류가 마침내 자신의 두뇌를 초월하는 것을 만들었다"라며 눈물을 흘릴 정도로 감동했다.

## 지혜와 지식은 독점하지 않고 공유한다

그리하여 손정의는 컴퓨터에 몰입했다. 손정의는 대학교에서 배웠던 컴퓨터 프로그램을 직접 만들었다. 그러나 어떤 프로그램이 됐든 모든 것을 제로에서 시작할 필요가 없었다. 대학의 메인 컴퓨터에 그 모델이 되는 것이 있어서 그것을 이용할 수 있었기 때문이다.

즉 '아직까지 아무도 개발하지 못한 원천적인 것에 집중하면 된다. 그것을 다시 컴퓨터에 저장함으로써 장래 내가 모르는 누군가가 활용하도록 한다'는 것이었다. 손정의는 이것에 감명을 받았다. 한 사람 한 사람이 자신의 지혜와 지식을 다른 사람이 이용하지 못하도록 차단하지 않는다. 이름도 모르는 이들과 공유함으로써 더욱 새로운 큰 가치를 창출한다. 이 경험은 소프트뱅크의 기업이념의 핵심이 되었다.

이런 소프트뱅크그룹의 기업이념은 현재 전 그룹사에 깊숙이 뿌리내려 있다.

## 카리스마형 대기업병이 일본을 망친다

손정의는 소프트뱅크그룹이 300년이라는 초장기 동안 번영하기를 꿈꾼다. 그룹의 영속적인 번영을 위한 포석은 다양한 특성을 지닌 기업과 직원을 많이 두는 것이다. 이는 과거 카리스마형 경영자들이 취했던 방침과는 명백히 다르다.

예전의 카리스마형 경영자들이 지향했던 기업 영속을 위한 방침은 카리스마를 갖춘 설립자 한 사람의 비전과 경영방침·기법을 추구하는 것이었다. 반면 소프트뱅크그룹이 지향하는 그룹의 이미지는 큰 뜻을 공유하면서도 다양한 생각과 경험을 가진 경영자와 직원이 전제가 된다.

손정의를 두고 카리스마형 경영자가 아니라고 말하기는 어렵다.

카리스마형 경영자란 강력한 리더십을 발휘해 나아갈 방향을 제시함으로써 많은 사람이 각자의 사고방식을 버리고 그를 따라오도록 만드는 사람이라고 할 때 그렇다. 이런 힘을 지닌 카리스마형 경영자는 기업을 급속히 성장시키는 원동력이 될 수 있다.

많은 경우 오너 경영자는 카리스마를 갖추어야 한다. 그 때문에 큰 리스크가 따를 수도 있지만, 새로운 시장에 도전했을 때 기업은 제로 상태에서도 성장할 수 있게 된다. 그러나 동시에 카리스마형 경영자에 대한 직원들의 추종이 지나치면 기업은 존속할 수 없다. 환경 변화에 대응할 수 없기 때문이다. 그런 기업에서는 카리스마형 경영자로부터의 상명하달만 이루어진다. 위에서는 지시가 내려가지만 아래에서는 의견이 올라오지 않아 조직 내 소통에 장애가 생긴다.

이런 경직된 기업은 회의하는 광경을 살펴보면 금방 알 수 있다. 참석자 대부분이 경영자 한 사람의 발언에 찬성하기만 한다. "다음은 ○○담당인 ○○님입니다"라고 사회자가 지시해야 비로소 발언할 뿐, 자신이 담당하는 업무와 관계없으면 아예 입을 꾹 다물고 있다. 이것은 이미 일종의 대기업병에 걸린 상태다. 타 부서의 업무에 참견하는 것은 카리스마형 경영자만의 특권이며, 각 부서의 책임자들은 항아리 안에 갇힌 듯 자신의 업무 외에는 안중에도 없다. 카리스마형 대기업병이라고 할 수 있다.

또 이런 상명하달이 체질화된 기업에서는 회의 참석자들이 자신의 부하직원을 보좌 역으로 데리고 와 메모를 하게 한다. 카리스마형 경영자의 발언이 세세한 부분까지 최종적인 의사결정으로 이어지기 때문이다. 그 때문에 회의 본연의 모습도 변질돼 버린다.

텔레비전에서 보았던 관공서의 심의회나 위원회 모습을 떠올리면 쉽게 상상이 될 것이다. 자리가 앞뒤 두 줄로 배열되어, 테이블이 놓인 앞줄에는 회의 참석자들이 앉고, 테이블이 없이 접이식 의자만 있는 뒷줄에는 보조자들이 앉는다. 회의 참석자들만 의견을 제시하고 보조자들은 전혀 발언하지 않는다. 게다가 메모를 하는 것만으로도 불안해 발언을 놓치지 않으려고 녹음기를 이용하기도 한다.

이런 기업에서는 현장 직원들이 자신의 생각을 표현하지 못한다. 카리스마형 경영자는 밑바닥에서 시작해 위로 올라와 현장 경험이 풍부한 사람인 경우가 많다. 게다가 기업이 일정한 규모에 이르기까지 10년, 20년이라는 세월을 거치면, 현장 지식뿐만 아니라 재무·회계·인사 등 기업의 제반 업무에 대한 노하우가 다른 직원들보다 풍부할 수밖에 없다. 의사결정도 기업 전체를 조망한 후 거시적인 차원에서 효율적으로 할 수 있다.

하지만 그 때문에 직원들은 좀처럼 경영자 앞에서 자신의 의견을 내놓지 못한다. 의견을 말하더라도 카리스마형 경영자와 토론하기엔 역부족이다. 그렇다고 해서 독자적으로 결정했다가 실적이 생기지 않으면 자신이 책임져야 한다. 그 때문에 하염없이 지시만 기다리게 된다.

## 다이에는 왜 위기를 극복하지 못했는가?

카리스마형 대기업병이 무서운 이유는 카리스마형 경영자가 살아 있을 때는 경영이 원활하게 이루어지지만, 일단 그가 세상을 뜨고 나면 문제점이 급속하게 나타나기 때문이다.

단순한 대기업병이라면 그 증상은 서서히 나타난다. 점차 성장이 둔화되면서 쇠퇴기로 접어든다. 만약 조직에 역량이 남아 있으면 내부에서 개선해 부활하기도 한다. 즉 일반적인 대기업병은 만성이지만, 카리스마형 대기업병은 급성 질환이다. 문제점이 나타나면 건강 체질이던 사람이 갑자기 쓰러지는 것과 같은 상태가 된다. 카리스마형 대기업병도 숨어 있던 증상이 갑자기 나타나기 때문에 후폭풍이 매우 매섭다. 일단 그런 증세가 보이면 건강한 몸으로 되돌아가기가 사실상 불가능하다.

카리스마형 대기업병으로 말미암아 쇠퇴한 대표적인 사례가 다이에라는 대기업이다. 소프트뱅크가 프로야구단인 후쿠오카 다이에 호크스를 인수해(2004년) 후쿠오카 소프트뱅크 호크스로 명칭 변경을 한 만큼, 소프트뱅크와도 인연이 있는 기업이다.

다이에는 태평양전쟁 당시 필리핀 루손 섬 전선에서 가까스로 살아나 일본으로 돌아온 나카우치 이사오(中內功, 1922~2005)가 만든 슈퍼마켓을 중심으로 움직이던 유통그룹이다. 1972년에는 미쓰코시三越를 누르고 소매업계 매출액 1위에 올라선 후, 2000년 세븐일레븐저팬에 추월당할 때까지 28년 동안 1위 자리를 지켰다. 그러나 지금은 적자가 지속돼 그룹기업의 주식으로 자금을 조달하는 상황으로 전락했다. 나카우치는 한 해의 마지막 날까지도 매장에 서 있을 만큼 현장 귀신이었는데, 작고하기 마지막 순간에는 "현장을 모르겠다"라고 중얼거렸다.

그러나 다이에도 한때는 현장 주도로 부활을 시도해 성공을 거둔 적이 있다. 1983년부터 3년 연속 적자를 기록하자 다이에는 당시 부사장이던 가와시마 히로시(河島博, 1930~2007)와 사내에서 선발한 직원이 중심이 되어 V자 실적 회복을 목표로 하는 'V혁신전략'을 추진했다. 이는 본부 주도로 매출 확대를 지향하던 이전의 기업풍토에서 벗어나 현장 중심의 품질관리를 위주로 하는 것이었다. 그 결과 다이에는 급속히 실적을 회복했다.

그러나 나카우치는 성공리에 끝난 V혁신전략의 추진자인 가와시마를 포함한 멤버 전원을 그룹에서 내쫓고 경영의 실권을 되찾았다. 나카우치는 '평생 현장경영'을 지향해 어떤 의미에서는 그것을 관철했다. 그러나 이는 다이에를 영속기업으로 만들지 못한 원인이 되기도 했다. 기업 내부적으로도 규모가 커짐에 따라 카리스마형 대기업 병의 폐해가 나타났다. 그 결과 소비자의 목소리가 상품구매 부서까지 전달되지 않았고 본부는 현장의 목소리를 무시한 판매정책을 펴는 등 악순환이 거듭됐다.

카리스마형 경영자에게는 이 같은 장점과 단점의 양면이 존재한다. 또한 카리스마형 경영자를 추종하는 현상은 그가 생존해 있을 때부터 나타나는데, 생존해 있을 동안 기업이 쇠퇴기에 접어드는 경우도 있다. 때문에 카리스마형 경영자는 직원이 자신에게만 추종하지 않도록 기업의 체질을 개선해야 한다.

그리하여 손정의는 인생 50년 계획에 입각해 소프트뱅크그룹이 다이에와 같은 카리스마형 대기업이 되지 않고 성장을 계속할 수 있도록 다양한 노력을 기울이고 있다.

## 소프트뱅크야말로 은하계가 되어야 한다

손정의가 구상하고 있는 300년 영속하는 소프트뱅크그룹의 이미지는 태양계를 포함하여 많은 항성이 주체적으로 움직이는 은하계를 떠올리면 쉽게 이해된다. 은하계에는 약 2,000억~4,000억 개 되는 행성이 소용돌이치면서 움직이고 있다. 그리고 지구를 포함해 몇 개의 행성이 태양과 같은 항성 주위를 공전하고 있다. 이들 행성은 항성 주위를 공전하는 동시에 스스로도 자전한다. 즉 그룹 전체로서 공전할 뿐만 아니라 그 안에 속한 그룹사도 자전하고 있는 모습이다.

소프트뱅크그룹을 은하계라 한다면 그룹의 주력 회사는 항성에 해당한다. 이들 주력 회사로부터 출자를 받은 자회사와 국내외 IT기업과 공동으로 설립한 합작기업은 행성에 해당한다. 소프트뱅크 본사는 관리부문을 중심으로 하는 150명가량 되는 순수지주회사*이지만 더욱 큰 항성이 된다. 야후저팬도 커다란 항성 가운데 하나이며, 많은 자회사와 합작기업이 그 주위를 공전하고 있다. 이것이 소프트뱅크그룹이라는 은하계의 모습이다.

그룹을 떠받치는 힘은 구심력과 원심력이다.** 이것도 항성과 행성의 관계를 떠올리면 이해하기 쉬울 것이다. 지구가 태양에서 알맞은 거리에서 공전할 수 있는 것은 태양의 구심력(인력)에 대해 공전에 의한 원심력으로 균형을 유지하고 있기 때문이다. 이 미묘한 균형이 무너져 구심력이 너무 강하면 지구는 태양에 끌려 충돌해 버린다. 또한 원심력이 지나치게 강하면 지구는 은하계 저편으로 날아가 버린다. 구심력과 원심력의 균형은 이처럼 중요하다.

---

* 순수지주회사 pure holding company : 다른 회사를 지배할 목적만으로 존재하는 회사.
  사업지주회사 operating holding company : 독자적인 사업을 하면서, 다른 회사도 지배하는 회사.
** 구심력 : 원운동을 하고 있는 물체가 원의 중심으로 향하는 힘.
  원심력 : 원운동을 하고 있는 물체가 원의 바깥쪽으로 향하는 힘.

　이 책의 머리말에서 소개한 소프트뱅크 직원들의 "손정의에게 너무 가까이 다가가면 안 된다. 손정의는 태양과 같이 매우 뜨거운 존재여서 너무 가까이 다가가면 불에 타버린다. 그렇다고 너무 멀리 떨어져 있어도 태양열이 미치지 않아 꽁꽁 얼어 버린다. 알맞게 따뜻해지는 지구 정도의 거리를 두는 게 중요하다"는 말과, 손정의가 강조하여 비유한 은하계는 동일한 의미다. 즉, 손정의 역시 직원과의 거리를 알맞게 두는 것이 얼마나 중요한지 너무나도 잘 알고 있다.

　소프트뱅크에서는 구심력의 원천이 되는 것이 몇 가지 있다. 첫째 손정의의 존재 자체다. 소프트뱅크그룹에서는 '손정의가 가는 방향으로' 그룹의 전 직원이 간다. 이는 오너 대표로서의 과거 실적 및 평가가 확실하게 각인되어 있기 때문이다.

　그러나 손정의가 최고경영자 자리를 후계자에게 물려준 뒤 더욱 중요한 것이 바로 소프트뱅크의 비전, 다시 말해 큰 뜻이다. 그 큰 뜻을 그룹에 확산하는 것이 손정의의 향후 책무임은 두말할 필요가 없다. 또한 그와 같은 큰 뜻을 떠받치는 시스템으로서 소프트뱅크가 지금까지 육성해 왔던 인력을 활용한 그룹사 간의 지원도 있을 것이다. 각각의 기업이 지금까지 거래처와 다져 온 네트워크도 중요하게 작용할 것이다. 나아가 소프트뱅크 모기업 및 야후저팬과 같이 상장해 있는 기업들이 갖는 신용에 입각한 자금조달력도 있다.

## 입사시험의 정답은 다양성

한편 구심력도 많이 있다. 예를 들면 앞에서도 언급했듯이, 경영자와 직원들의 사고방식과 경험, 파트너로서 합작기업이 가지고 있는 기업문화 등이다. 해당 합작기업만이 갖고 있는 업계 특성도 있다. 오히려 구심력은 다양성으로 바꿔 말하는 편이 이해하기 쉬울 것이다.

손정의는 소프트뱅크그룹이 영속하는 그룹이 되느냐 그렇지 못하느냐를 가르는 중요한 키워드가 다양성이라고 생각한다. 실은 필자가 면접을 치를 때 손정의의 "기업이 영속하는 데 가장 중요한 요인이 무엇인가?"라는 질문에, '다양성'이라고 답해 입사가 결정된 것을 기억하고 있다.

또한 그룹 내에는 야후저팬처럼 미국 IT기업과 협력해 설립한 합작기업도 있다. 당연히 야후저팬에는 미국 야후의 기업문화도 유입되어 있다. 동시에 소프트뱅크의 기업문화가 가미되어 새로운 야후저팬의 기업문화를 창출했다.

그리고 소프트뱅크 모바일*처럼 M&A를 통해 그룹에 편입된 기업도 있다. 또 야후저팬의 경우와 마찬가지로 소프트뱅크그룹의 시스템통합회사SI: System Integration인 소프트뱅크 테크놀로지처럼 도쿄증권거래소 1부에 상장해 있는 기업도 많다. 그 밖에도 자스닥*같이 신생기업을 대상으로 하는 주식시장에 기업을 공개한 그룹사도 많다. 이와 같은 상장기업들은 당연히 그룹사와 시너지효과를 발휘하는 동시에 기업으로서 독자적인 경영판단을 해야 한다.

소프트뱅크에는 다양성이 풍부한 인재와 계열사가 있다. 그 다양성이란 소프트뱅크그룹이 다채로운 자질과 경험을 지닌 최고경영자와 직원의 집합체임을 의미한다.

그룹 내 간부사원들의 경험도 다채롭다. 합병된 기업의 경영자였던 이가 간부사원으로 와 있는가 하면 거래처 담당자였던 간부사원도 있다. 물론 소프트뱅크에 신입사원으로 입사해 승진 계단을 밟고

### 경영 상식

**＊소프트뱅크 모바일**Softbank Mobile Corp : 보더폰저팬을 인수해 2006년 10월 1일로 변경된 회사명. 이미 소프트뱅크 모바일은 그룹 내에서 가장 비중이 큰 사업이다.

**＊자스닥**Jasdaq, Japan Association of Securities Dealers Automated Quotation : 벤처기업의 주식거래를 전문으로 하는 시장으로 1946년부터 영업을 시작했다. 주로 도쿄 증권거래소에 상장하지 못한 장외종목의 거래를 위한 시장이었다. 그러다가 1983년부터 벤처기업 등록을 위한 전문시장으로 확대 개편되어 자스닥이 되었다. 따라서 1983년이 정식 설립연도가 된다. 일본의 대표적인 글로벌 기업인 소니와 혼다가 바로 이 시장을 통해 상장했다. 자스닥은 2007년부터 '네오NEO'라는 새로운 시장을 하나 더 만들었다. 네오는 자스닥에 등록되지 못한 기업들을 위한 새로운 벤처기업 시장으로 벤처 중의 벤처라 할 수 있다. 주로 바이오기업들을 중심으로 한 기술업종들이 등록되어 있다. 한편 자스닥은 '주식회사 나스닥증권거래소'가 운영법인이었으나, 2008년 12월 일본 내 2위를 차지하는 오사카 증권거래소와 합병해 거대한 증권거래소 그룹으로 거듭났다.

올라온 이도 있다.

　이러한 현상은 우연히 이루어진 게 아니다. 손정의가 의도적으로 그렇게 만든 것이다. 손정의는 기업에는 유전자가 있다고 생각한다. 그 유전자는 비전과 기업문화, 최고경영자·간부사원·직원의 경험, IT 등의 테크놀로지처럼 그 기업만이 지니고 있는 독자적인 특성이다.

## 품질개선으로 성공한 휴대전화 사업

　이처럼 다양한 유전자가 결합되어 새로운 유전자가 생겨나는 것이 합작기업과 M&A다. 마치 식물의 품종개량과 유사하다. 예를 들어 수확량이 많은 벼와 병충해에 강한 벼를 교배시켜, 수확량도 많고 병충해에도 강한 품종을 만드는 것이다. 그와 같은 품질개량도 실제로는 몇 백, 몇 천 번의 교배 끝에 우연히 기대한 조합이 생겨나 그것을 반복한 결과 품종으로서 완성을 본 성과물이라 할 수 있다.

　소프트뱅크에서 품종개량을 가장 잘한 사례는 영국계 이동통신회사인 보더폰*의 일본 법인인 보더폰저팬을 인수한 일이다. 소프트뱅크에 매각되기 전 보더폰저팬은 NTT도코모와 au에게 눌려 만년 3위에 머물러 있었다. 특히 휴대전화 사용자들이 이동통신회사를 변경해도 전화번호가 바뀌지 않는 번호이동제도는 각사의 수익

**＊보더폰**Vodafone : 1984년 레이컬 일렉트로닉스Racal Electronics의 자회사로 출범한 뒤, 1991년 독립회사로 분리되어 보더폰그룹Vodafone Group으로 상호를 바꿨다. 1999년 에어터치 커뮤니케이션스AirTouch Communications와 합병해 보더폰에어터치Vodafone AirTouch로 다시 상호를 바꿨다가, 2000년 7월 다시 원래의 보더폰그룹으로 상호 변경했다.

1990년대 후반부터 국외 사업자 인수와 자본참여를 통하여 글로벌 기업으로 성장했다. 유럽과 미국 등 세계 27개국에 진출해 있으며, 가입자 기준으로는 세계 최대급 휴대폰회사로 꼽힌다. 2001년 일본텔레콤의 경영권을 인수해 보더폰저팬이라는 명칭으로 일본 시장에도 진출했으나 경영 부진으로 2006년 소프트뱅크에 인수·합병됐다.

원이 되었다.

그러나 보더폰저팬을 인수한 후, 손정의는 "한 달만이라도 휴대전화 가입자 수 증가 순위에서 1위를 하자"고 사원들을 독려했다. 그 결과 실제로 한때 가입자 수 증가 순위에서 1위로 올라섰고 그 후에도 고공행진을 계속하고 있다. 이는 손정의의 기획력과 소프트뱅크가 소프트웨어 유통과 브로드밴드 사업에서 축적한 강력한 영업력이 보더폰저팬의 면허·인재·기술력 같은 경영자원에 투입된 결과다.

손정의는 이와 같은 기업 유전자의 다양성에 입각해 환경 변화에 적응하고자 노력하고 있다. 기업 유전자에 다양성이 있으면 다양한 환경에 적응할 수 있기 때문이다. 만약 같은 그룹사에 카리스마형 경영자를 복제한 단일 유전자만 존재한다면 환경 변화에 적응하지 못해 모조리 도태될 것이다.

앞으로도 소프트뱅크는 여러 기업과 합작해 새로운 기업을 설립하거나 M&A를 추진할 예정이다. 새로운 기업 유전자를 받아들임으로써 영속하는 기업그룹으로 도약하기 위해서다.

# 제2장

# 손정의식 역전의 성공법칙

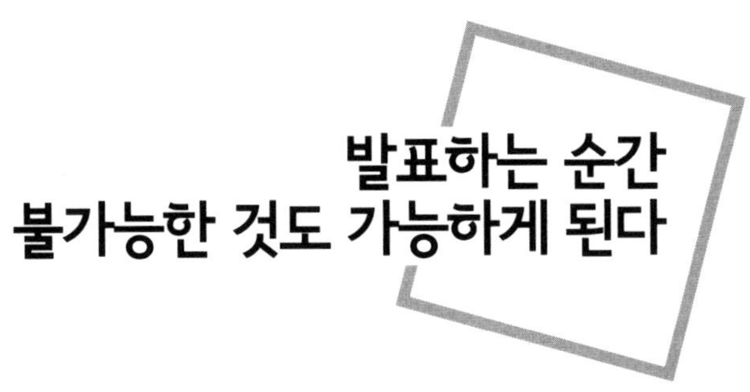


## ADSL 접속료 990엔의 충격

지금부터는 필자가 비서실장 겸 사장실 실장으로 근무하면서 가까이서 지켜본 손정의의 업무기법 가운데 몇 가지 특징적인 것을 설명하고자 한다. 손정의식 업무기법을 한마디로 표현하기는 쉽지 않지만, 굳이 키워드로 제시한다면 '상식의 틀을 벗어나 생각한다'는 것과 '부정적 요소를 긍정적 요소로 바꾸는 역발상'일 것이다.

손정의에게 가장 상식을 깨는 도전이었고 동시에 가장 큰 위기이자 역전의 드라마이기도 했던 것은 브로드밴드 사업 진출이었다.

2001년 6월 19일 손정의는 브로드밴드 사업에 진출해 ADSL 야후BB의 인터넷접속 시험 서비스를 시작하겠다고 발표했다. 6월 20일부터는 야후저팬에서 전국적으로 예약신청을 받기 시작했다. 가격

은 초기 설치비 무료, ADSL 접속료 월정액 990엔, ISP* 이용료 1,290
엔, 모뎀 등 부속품 임대료 550엔 등으로 모두 2,830엔이었다. 정식
서비스가 시작되는 시점은 8월 1일이지만 6월부터 도쿄 시내에서
무료 시험접속 서비스를 시작하겠다고도 했다.

발표 내용은 일반 사용자뿐만 아니라 업계 관계자들에게도 큰 충
격을 주었다. 당시 ADSL 사업자가 제시한 평균가격은 초기 공사비
몇 만 엔에 월정액 6,000엔가량이었다. 그 발표가 있고 나서 "브로
드밴드는 비싸다. 일부 인터넷 애호가들의 전유물이다"라는 세간의
인식이 완전히 바뀌었다. 곧 브로드밴드는 누구나가 보편적으로 사
용하는 서비스가 될 것이었다.

손정의는 필사즉생 필생즉사(죽기를 각오하면 살 것이고, 살고자 하
면 죽을 것이다)의 각오였다. IT버블 붕괴로 말미암아 2001년 소프트
뱅크의 주가는 최고점 대비 100분의 1 수준까지 곤두박질쳤었다. 활
로를 찾기 위해 손정의가 선택한 대안이 브로드밴드 사업 진출이었
다. 브로드밴드 사업에서 실패하면 소프트뱅크의 훗날을 기약할 수
없다고 여겼다. 반드시 성공적으로 연착륙하려면 절대적인 우위를
어필할 필요가 있었다. 그러려면 가정에서 사용하는 모뎀을 대량으
로 발주해 저렴하게 조달해야 했으므로 100만 대 발주서에 손정의

---

*ISP : Internet Service Provider의 약자로 인터넷 서비스 제공자를 가리킨다.

가 직접 사인했다. 확실히 소프트뱅크의 존망을 건 승부수였다.

그러나 그 시점에 ADSL 사업은 아직 해결해야 할 과제가 산적해 있었다. ADSL 사업의 핵심은 신규 진입하는 사업자가 NTT로부터, 기지국 사이의 광케이블 회선, 기지국에 자신의 기재機材를 적치하는 장소, 공조·전기 등과 같은 설비를 임차하는 것에 있다. 말하자면 ADSL 사업은 주스 자판기 사업이나 마찬가지 원리다. 장소·전기 등과 같은 설비를 보유하고 있는 집주인에게서 그것들을 빌려, 거기에 독자적인 부가가치로서 기계와 주스를 보충하는 네트워크를 제공하는 사업 형태다. 주스 자판기 사업에 신규로 진입할 때 굳이 땅을 매입해 전선을 바꾸는 사업자는 없다. 집주인만 허락한다면 장소와 전기는 빌리면 된다.

ADSL 사업의 규제 완화도 이와 같은 논리였다. 즉, 신규 진입하기 위해 고객기반이 없는 신규 사업자가 모든 설비를 스스로 만들어야 한다면 이는 사업자가 신규 진입하고자 해도 불가능할 것이다. 이런 관점에서 NTT로부터 임대가 가능한 것을 규제 완화로 볼 수 있다. 또한 신규 진입하는 사업자가 모든 설비를 스스로 만들면, 자주 사용하지 않는 회선과 설비가 중복되므로 누구에게도 이득이 되지 않는다는 인식도 강하게 작용했다.

어쨌든 그와 같은 규제 완화에 따라 시장에 진입한 소프트뱅크는 NTT로부터 광케이블 회선과 기지국의 각종 설비를 임대할 필요가 있었다. NTT로부터 이런 설비를 임대해 갖추는 것이 최대의 관건이었다. 그렇지만 이 일 자체가 어려웠다.

## 네트워크 구축을 위한 잠수함 게임

NTT 기지국은 반경 몇 km 정도씩 일정한 구역마다 배치되어 있다. 일반전화의 국번은 해당 기지국이 하나씩 지니고 있는 고유 식별번호이다. ADSL 사업에서는 NTT의 광케이블을 임대해 그와 같이 구역별로 분산되어 있는 기지국들을 연결하는 네트워크를 구축해야 한다. 단순히 연결만 하는 게 아니라 네트워크라는 측면에서 통합적으로 기지국을 연결해야 한다.

그러나 광케이블이 어느 기지국에서 어느 기지국으로 연결되어 있는지는 당사자인 NTT에 문의해야만 알 수 있다. 그렇다고 도쿄 시내같이 일정 구역에 한정된 서비스를 제공하면 어떤 기지국은 서비스 지역, 어떤 기지국은 서비스 외 지역처럼 복잡해진다. 당연히 사용자에게 불편을 끼치게 되므로 판매촉진이나 광고·선전 측면에서 비효율적이다.

기지국의 네트워크를 구축한다는 것은 백지에 둥근 원을 그리고 그 안에 30개 되는 점을 넣은 다음, 그것들을 한 번에 연결하는 것과 같은 작업이다. 게다가 때로는 어떤 점과 어떤 점을 연결하려면 "연결할 수 없습니다"라는 멘트를 듣고 선을 다시 그어야 하는 어려움이 따르기도 한다.

이와 같이 선을 다시 긋는 작업을 가능한 한 줄이기 위해 담당자는 기지국과 기지국 사이에 모든 광케이블이 연결되어 있는지를 확인했다. 당시 네트워크를 구축했던 실무자들은 그 작업을 '잠수함 게임'이라 불렀다. 이 일이 잠수함이 교전할 때 바다 속에서 적함을 눈으로 보지 않고도 감지하기 위해 수중음파탐지기인 소나sonar를 부채모양으로 발신하는 것과 유사했기 때문이다. 회선을 연결하고 싶은 방향에서 "있습니다"라는 회신이 날아오면 기쁜 마음은 이루 말할 수 없었다.


## 6월 19일 발표 전날 손정의가 담당자에게 직접 지시

광케이블을 연결했다고 해서 그 즉시 서비스 가능 지역이 되는 건 아니다. 그다음으로 문제가 되는 것이 NTT기지국의 설비였다. 신규 진입 사업자는 자사의 기재를 보관하기 위한 '장소', 기재에 필요한 '전력', 기재가 발산하는 열을 배출하기 위한 '공조설비'라는 3종 세트를 NTT로부터 빌려야 했다. 그러나 이 3종 세트가 모두 구비되지 않아 애를 먹은 적도 있었다.

예를 들어 전원이 부족해지면 전원설비를 자사 부담으로 추가해야 했다. 비용이 들 뿐만 아니라 공사를 해야 하므로 시간이 걸리는 일이다. 이와 같이 광케이블과 기지국의 장소·전력·공조설비를 모두 갖춰야 비로소 신규 진입 사업자로서 ADSL 서비스를 할 수 있다.

수많은 난관을 뚫고 겨우 도쿄 시내에서 시험 서비스를 할 수 있는 설비가 완성된 때가 6월 중순, 손정의는 '전국적인 신청을 접수하기 위해' 간부급 사원들과 회의를 했다. 그러나 간부급 사원들 대부분이 손정의의 의견에 반대했다. NTT와 기지국 설비 등을 협상하는 데 시간이 걸릴 뿐만 아니라, 기술적인 검증을 할 수 없다는 것, 신청부터 개통까지 일련의 프로세스와 전산 시스템이 정비되어 있지 않다는 것이 이유였다. 6월 중순에 먼저 도쿄 시내에서 시험 서비스를 한 뒤에 어느 정도 실적을 보고 나서 전국으로 확대하자는 것이었다.

그러나 발표 전날인 6월 18일, 손정의는 직접 야후저팬에 달려가 ADSL 서비스 접수화면을 맡고 있는 홈페이지 담당자를 붙들고서 도쿄에서만 시험 서비스 신청을 접수하도록 돼 있는 화면을 전국 약 1,000개 기지국에서 예약 접수하는 화면으로 수정하게 했다.

## 100만 명에게서 걸려 온 전화 대소동

반응은 상상을 초월했다. 전국에서 예약이 빗발쳤다. 7월 말까지 수십만 건에 달하는 예약 신청이 쇄도했다. 9월 3일 시점에서는

100만 건에 이르렀다. 그때부터 브로드밴드 사업의 험난한 여정이 시작되었다.

당초 예정은 무료 시험 서비스를 7월 말로 종료하고 8월 1일부터 유료 서비스로 전환한다는 것이었다. 그러나 NTT와의 협상이 지연되었다. 그 외에도 NTT기지국 내의 설비공사가 방대해져 공사기간도 예상 외로 연장되었다. 할 수 없이 8월 1일부터 시작하려던 유료 서비스를 9월 1일로 연기해야 했다.

9월 4일 소프트뱅크는 야후BB의 신청 현황을 발표했다. 기지국 개설 수 223개, 예약 건수 약 101만 2,000건, 유료 신청 건수 약 49만 7,000건, 기지국 공사완료 건수 약 15만 5,000건, 접속회선 수 약 4만 건. 감당하기 힘든 상황이었다. 즉 100만 명이 예약하더라도 4만 명밖에 사용할 수 없었고, 나머지 96만 예약자는 소프트뱅크의 대응을 기다려야 하는 상황이었다.

9월 1일로 서비스를 시작한다고 재발표했었기 때문에 9월로 접어들기 무섭게 대기 중이던 고객들의 항의가 빗발쳤다. 야후BB 서비스는 비용절감을 위해 콜센터 대신 이메일로만 대응했다. 그러자 9월 중순이 되자 소프트뱅크 본사로 전화가 쏟아졌다.

당시 소프트뱅크는 소프트웨어 유통이 주력사업이었고 브로드밴드는 어디까지나 이제 막 시작하는 사업이었다. 주력인 소프트웨어 유통사업 부문의 직원들이 고객의 항의 전화 때문에 정상적으로 업무를 볼 수 없는 지경이 되었다. 홈페이지 게시판에 소프트뱅크 대표번호가 적혀 있는데, 그 번호가 통화 중이면 다른 번호로 자동 연결되어 사내 전화가 속속 항의 전화에 대응하게 되었다.

그러나 전화를 받은 소프트웨어 유통 담당자는 상황을 전혀 모르고 있었기 때문에 오로지 사과만 할 뿐이었다. 그 때문에 고객의 분노를 해소하기는커녕 반대로 실망감을 키우는 사태로 이어졌다.


### "여기서 분신자살을 하겠다!"

이런 상황에 이르자 손정의도 필사적으로 나설 수밖에 없었다. 통상적인 방법으로는 몇 개 기지국 사이의 광케이블은 NTT로부터 임대할 수가 없었다. 이를 해결하기 위해 손정의는 총무성(우리나라의 행정안전부에 해당)으로 달려갔다. 네트워크 전체를 한 번에 구축하려면 아무래도 기지국 간 광케이블이 필요했기 때문이다. 광케이블을 제공받지 않는 못한 지역에서는 서비스를 시작할 수 없었다.

손정의가 총무성 담당자에게 말했다.

"라이터를 빌려 주시오. 만약 광케이블이 들어오지 않으면 여기서 분신자살을 하겠소."

손정의는 일개 벤처기업이긴 해도 명색이 도쿄 증권거래소 1부에 상장되어 있는 기업의 총수였다. 그런 그가 그렇게 나오자 절실한 요구라고 받아들였는지, 아니면 상대하기 곤혹스러워서였는지, 담당자는 그 자리에서 NTT에 전화를 걸어 광케이블을 임대할 수 있도록 조치를 취했다. 마침내 네트워크 구축이 완료되었다.

그러나 그것으로 끝이 아니었다. 풀어야 할 숙제가 첩첩산중이었다. 예를 들면 ISDN* 서비스 지역에서는 ADSL을 이용할 수 없었다. 또 전화회선을 이용한 경비시스템을 갖추고 있는 가정에서도 이용이 불가능했다.

더욱이 ADSL 서비스를 제공하려면 고객의 회선 정보가 중요했다. ADSL 서비스는 NTT의 통상적인 전화회선을 이용하는 서비스다. 간단히 말해 NTT의 통상적인 전화회선을 분기시켜 기지국 내에 있는 소프트뱅크 기재와 연결한다. 케이블 연결공사를 일본에서는 통상 '점퍼공사'라 부르는데, 소프트뱅크 스스로는 이 점퍼공사를 할 수 없도록 규정되어 있어 NTT에 의뢰해야만 했다. 이때 신청자와 전화회선 명의자가 다르면 연결할 수가 없다.

그렇지만 명의자를 확인해 신청을 받는 일은 의외로 어렵다. 예를 들어 대학 입학과 동시에 지방에서 도쿄로 올라온 사람의 경우 당시는 미성년자였기 때문에 명의자가 될 수 없었다. 그래서 부모 명의로 NTT 전화에 가입한 사람이 많았다. 그러다 몇 년 후 성인이

---

*ISDNIntegrated Services Digital Network : 종합정보통신망. 디지털 통신망을 이용해 음성·문자·영상 등의 통신을 종합적으로 할 수 있도록 하는 통신서비스.

되어 취직한 다음 소프트뱅크의 ADSL을 신청할 때는 명의자에 대한 부분을 까맣게 잊고 신청서에 있는 명의자란에 자기 이름을 적어 넣는다.

그렇게 되면 NTT가 서비스 개통을 해주지 않는다. 그런 신청의 경우 명의자 오류로 처리되어 NTT로부터 반송된다. 그러면 소프트뱅크가 고객에게 확인해야 하는데, 다시 고객과 접촉해 명의자 확인을 하기가 쉽지 않았다. 고객이 까맣게 잊어버리고 있는 경우에는 고객 본인이 직접 NTT에 전화를 해 확인한 다음 소프트뱅크에 연락해 줘야만 했다.

ISDN의 경우도 마찬가지였다. ISDN은 당시로서는 고속인 64Kb 속도가 나오는 서비스였다. 초기에 신청한 야후BB 고객들은 인터넷 다량이용자heavy user였다. 그리고 대다수 다량이용자들은 통상적인 전화회선에서 ISDN으로 변경하는 사람이 많았다. 그러나 ISDN 서비스 지역에서는 ADSL을 이용할 수 없기 때문에 ISDN을 일단 통상적인 전화회선으로 되돌릴 필요가 있었다.


## 커다란 난관을 극복

이런 여러 제약조건 때문에 ADSL 서비스의 예약 신청자 가운데 약 40퍼센트가 가입 조건을 충족시키지 못했다. 대책을 세워야 했다. 먼저 회선 명의자 및 설치 환경에 대한 확인 작업을 위해 영업 현장용 체크리스트를 작성했다. 그와 같은 조치를 취하기 전에는 회선 명의자가 누락되거나 잘못되어도 현장에서는 신청서류만 가지고 계속해서 접수했다.

그렇지만 사내에서는 그와 같은 신청을 받으면 실적 환산에서 제외했으며, 대리점에 대해서도 인센티브 지급을 중단했다. 또한 회선 명의자가 잘못된 경우에는 우편물로 반송 처리하도록 하고 이를 알려 주기 위해 전용 콜센터를 만드는 등 다양한 대책을 강구했다. 또한 자택의 통신 환경이 ISDN인 고객에 대해서도 정중하게 설명하는 동시에 우편을 발송했다.

또 하나 커다란 난관은 점퍼공사였다. 공사 진도가 하루에 어느 정도 나갈지는 NTT 기지국 안의 작업자 인원수에 달려 있었다. 그러나 NTT는 소프트뱅크가 100만 명 단위로 고객을 확보하리라곤 생각지 못했다. 당시 소프트뱅크보다 먼저 ADSL 사업을 하고 있던 기업들의 고객 수가 수만 명 정도였으므로 100만 명 단위는 그야말로 상상할 수 없는 숫자였다.

NTT 안에 작업자가 부족한 것도 당연한 일이었다. 게다가 100만 명 되는 고객이 전국 방방곡곡에 분산되어 있었다. 때문에 도쿄에만 기술자가 많아도 의미가 없었다. 충분히 훈련받은 사람을 각 기지국에 배치한다는 것은 NTT로서도 예삿일이 아니었다. 그러나 처음의 혼란 상태가 지나고 나서 NTT가 고객확보 수를 파악하게 되자, 서서히 공사에 가속도가 붙었다.


## 영양가 만점의 '10영업일 집중' 선언

그러던 중 손정의는 2002년 1월 28일 '10영업일 집중'을 선언했다. 그 내용은 이렇다.

"모든 진행사항을 철저히 확인해 신청한 날로부터 10영업일 이내에 NTT 공사가 완료되지 않거나, 모뎀이 전달되지 않을 경우에는 서비스를 이용하기 시작한 달을 기준으로 하여 그다음 달 이용요금을 무료로 한다."

손정의는 이미 2001년 연말부터 일정한 기간 내에 분명히 개통된다는 사실을 고객에게 확실하게 전달하기 위해서라도 '10영업일 집중'을 선언해야 한다고 강력하게 주장했다. 그러나 현장에서는 한목소리로 반대했다. 회선 명의자가 잘못되어 있는 등 고객 사정으로 인해 개통되지 않는 경우, NTT가 점퍼공사를 신속하게 진행하지 않는 경우도 있을 수 있고 무엇보다 그렇게 발표했다가 만약 개통이 늦어지면 더욱더 분노를 사게 될 거라는 이유였다.

그러나 손정의는 집요하게 설득했다.

"10일 내에 처리할 수 있다. 피자 배달을 봐라. 30분 안에 배달하겠다고 약속한다. 그러다가 간혹 늦는 경우도 있다. 그렇지만 고객들은 즐겁게 피자를 먹는다!"

이와 같은 논의를 펴는 가운데 소프트뱅크 사내에서 다양한 반대 의견이 제기됐지만, 결국 '10영업일 집중'을 선언하기로 했다.

결론적으로, '10영업일 집중'은 매우 효과적이었다. 10영업일이라는 것은 실제로 업무를 처리하는 표준적인 일수였다. 신청한 대리점에서 접수센터에 전달하고, 접수센터에서 NTT에 점퍼공사를 신청하고, NTT가 점퍼공사를 할 때까지의 일수를 합산하면 10영업일이었다. 또한 '10영업일 집중'의 대상이 되는 고객은 회선 명의자가 올바르고, ISDN 서비스를 이용하지 않고 있어야 하며, 자택에 전화회선을 이용한 경비시스템이 설치되어 있지 않아야 한다는 조건을 충족한 사람으로 한정했다.

실은 이 '10영업일 집중'은 단지 소프트뱅크 직원만 노력하게 할 목적이 아니었다. 물론 그렇게 선언함으로써 소프트뱅크의 업무개선 노력을 어필할 수 있었다. 그리고 그런 목적은 충분히 달성되었다. 그러나 고객들도 먼저 자신의 정보와 환경을 잘 확인한 다음 신청할 필요가 있음을 인식하게 되었다. 대리점 역시 고객 정보를 꼼꼼하게 확인하게 되었다.

또한 그때까지 사내 처리가 늦어지는 경우도 있었지만 '10영업일 집중' 이후 확실히 정해진 날짜에 NTT에 점퍼공사를 신청하게 되었다. 그리고 NTT도 기지국의 점퍼공사에 일손이 부족하다는 말을 할 수 없게 되었다.

결과적으로 '10영업일 집중'을 선언함으로써 고객 · 대리점 · 소프트뱅크 · NTT가 10영업일을 목표로 '집중'하는 시스템이 되었다.


## 세계 유수의 브로드밴드 대국으로의 도약

그리하여 소프트뱅크는 사업 초기의 위기를 극복했다. 다른 사업자들도 소프트뱅크에 뒤질세라 치열한 경쟁을 벌인 결과, 2003년 일본의 브로드밴드는 IT강국 한국을 제치고 세계에서 가장 낮은 이용료를 실현했다(ITU* 조사). 그 후에도 서로 치열하게 경쟁했지만 야후BB의 고객 수는 2005년 12월 시점으로 500만 명을 넘어섰다. 그리고 그러한 성공을 발판 삼아 소프트뱅크는 일본텔레콤을 인수하고 또 보더폰저팬을 인수하는 대형 M&A를 성사시켜 오늘에 이르고 있다.

또한 2010년 OECD가 발표한 인터넷 관련 보고에 따르면, 일본은

경영 상식

*ITU(International Telecommunication Union, 국제전기통신연합) : 전기통신의 개발과 기술의 발달을 촉진하고 주파수의 할당, 통신료 인하 등을 목적으로 설립됐다. 한국은 1950년에 가입하였으며 본부는 제네바에 있다.

브로드밴드 접속 속도에서 세계 1위에 해당하는 평균 61Mb(메가비트)를 달성해 '브로드밴드 네트워크 구축에서 가장 뛰어난 국가'로 평가받았다.

2위는 IT강국으로 우뚝 선 한국이며, 미국은 4.8Mb로 세계적으로 보면 오히려 평균치에 해당한다. 실제로 미국에 여행이나 출장을 가서 호텔에서 인터넷을 사용해 보면 브로드밴드 속도가 너무 느려 실망했다는 사람이 많다.

신규 진입한 ADSL 사업자치고 마지막까지 시장에서 살아남은 기업은 손가락으로 꼽을 정도다. 2000년 당시 미국에서도 일본과 마찬가지로 브로드밴드 규제 완화가 이루어져, 신규 진입한 사업자인 코바드 커뮤니케이션즈Covard Communications, 노스포인트 커뮤니케이션즈Northpoint Communications, 리듬스 커뮤니케이션Rhythms Communication이라는 3개 회사가 치열하게 가격경쟁을 벌였다. 그러나 결국 일본의 NTT에 해당하는 AT&T(American Telephone & Telegraph, 미국전신전화회사)가 분할되면서 위 회사들은 모두 지역 통신회사에 매각되었다. 이는 미국에 국한된 이야기가 아니라 영국 등 세계 각국에서도 동일한 현상이 나타났다. 왜냐하면 기존의 전화회선을 활용하는 서비스인 탓에 아무래도 신규 진입 사업자가 불리하기 때문이다.

일본처럼 신규 진입 사업자가 선도해 저렴하고 빠르게 브로드밴드를 성공적으로 보급한 예는 세계적으로도 찾아보기 힘들다. 성공의 주요한 요인은 '월정액 990엔', '10영업일 집중'이었다. 이와 같이 손정의는 선언을 절묘하게 구사해 가입자, 대리점, 소프트뱅크 사내를 원활하게 움직여 나갔다.

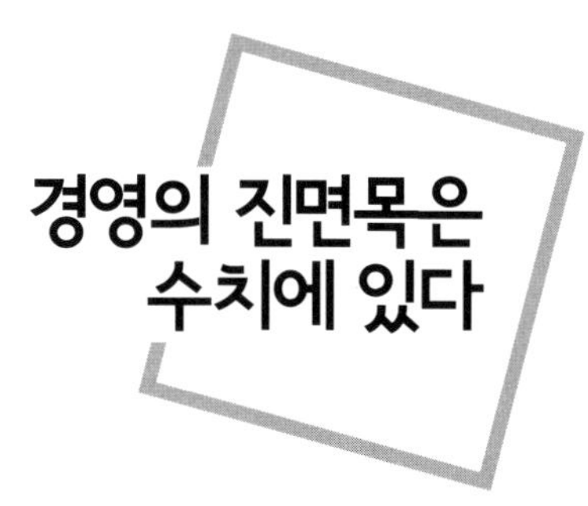


**사업계획서는 1,000가지 유형으로 작성할 수 있다**

손정의는 모든 일을 수치로 정리하도록 직원들에게 요구하고 있다. 실제로 손정의 자신도 그렇게 하고 있다. 이처럼 수치에 집착하는 경영자는 일본뿐만 아니라 세계적으로도 드물다.

자칫하면 오너 대표는 신제품이나 서비스 개발에만 올인하다 비즈니스상의 수치를 꼼꼼하게 챙기지 못하게 된다. 그러나 손정의는 양쪽의 균형을 알맞게 추구했다.

신규 사업을 추진하는 한 담당자가 손정의에게 사업계획서를 제출했다고 하자. 그 경우 대부분의 회사에서는 낙관적인 계획, 중립적인 계획, 비관적인 계획 등의 세 가지 유형으로 작성한다. 그러나 소프트뱅크의 경우 만약 세 가지 유형을 제출하면, 손정의는 "고작

세 가지 유형으로 사업을 이해할 수 있는가? 1,000가지 유형을 작성해!"라고 호되게 질책한다.

소프트뱅크에서 오랫동안 근무하게 되면 "또 지적을 받았군. 처음부터 그렇게 했어야 했는데"라고 반성하지만, 다른 회사에서 근무하다 입사해 소프트뱅크 기업문화에 익숙하지 않은 직원은 당혹스러울 수밖에 없다. 애당초 어떻게 해야 1,000가지 유형이나 되는 사업계획서를 만들 수 있을지 상상도 해본 적이 없기 때문이다.

그러나 손정의가 "사업계획서를 1,000가지 유형으로 작성해 제출하라"고 말하더라도 겁먹을 필요는 없다. 방법론만 정확하게 파악하면 그다지 어려운 일이 아니기 때문이다.

방법론이란 유형의 축을 도출하는 것을 말한다. 유형의 축이란 예를 들면 고객확보 수, 고객단가, 설비투자액, 고객확보 비용 등 유형의 전제가 되는 수치를 말한다. 이러한 유형의 축마다 다시 유형을 만들어 나가면 된다.

예를 들면 고객확보 수에 대해 5년차까지 달성할 목표로 낙관 300만 명, 중립 200만 명, 비관 100만 명을 가정했다고 하자. 게다가 각각의 목표를 5년차에 달성하는 게 아니라 3년차에 달성한 다음, 그때부터 5년차까지는 보합세를 유지한다는 유형도 설정한다. 그러면 그것으로 고객확보 수에 대해 6가지 유형이 완성된다.

나아가 고객단가에 대해서도 동일하게 6가지 유형, 설비투자액도

6가지 유형, 고객확보 비용도 6가지 유형으로 설정한다. 그리하여 각각의 유형을 곱한다. 다시 말해 6(고객확보 수)×6(고객단가)×6(설비투자액)×6(고객확보 비용)으로 1,296가지 유형의 사업계획이 도출된다. 이와 같은 유형의 곱하기를 활용하면 손정의의 '사업계획서 1,000가지 유형'을 작성하는 건 어려운 일이 아니다.

손정의가 진정으로 요구하는 것은 이와 같이 유형의 축을 많이 만들어 내는 것이다. 흔하디흔한 강·중·약 세 가지 유형만 작성하면 거기에 맞춰 매출액 이외의 제조원가나 판촉비 등과 같은 수치를 조금만 조정하는 데 그칠 수 있기 때문이다. 그러면 사업계획에 객관성이나 상황 적응력을 담지 못하게 된다.

요컨대 그런 식으로 사업계획서를 작성하면 경쟁상대가 어떤 전략으로 나올지 예측하기 어려워진다. 갑자기 저가전략으로 대응하거나, 신기술을 적용한 서비스를 제공해 고객단가를 높이는 등, 경쟁사가 취할 수 있는 대응은 다양하다. 그렇기 때문에 각가지 유형의 축을 설정한 후에 자사가 우위를 점할 수 있는 '정곡을 찌르는 유형'을 찾아야 한다. 그러기 위해서라도 1,000가지 유형은 반드시 필요하다.

## 유형의 축이 있으면 다양하게 대응할 수 있다

실제로 소프트뱅크에서는 위와 같은 사업유형 분석을 많이 활용하고 있으며, 이것이 수많은 위기를 극복하는 원동력이 되었다. 대표적인 것이 이미 언급한 야후BB의 브로드밴드 사업이었다. 원래 야후BB는 저가전략을 펼쳤기 때문에 고객단가는 2,000엔 전후였다. 게다가 최대 2개월 무료 서비스도 제공했다. 당시 타사의 브로드밴드 평균 가격은 야후BB보다 두 배 이상 비쌌다. 그 때문에 타사가 저가 및 무료 서비스를 내세울 경우 야후BB는 회사 중심의 직판을 통해 저비용으로 고객을 확보할 수 있다는 전제하에 전략을 수립했다.

그러나 1년 정도 지나자 경쟁사들도 일제히 가격을 내렸다. 게다가 대형 가전 소매점과 대리점을 활용하기도 했다. 때문에 대형 가전 소매점과 대리점에 판매수수료를 지불할 필요가 생겼다.

서비스 가격을 내린 상태에서 판매수수료(고객확보 비용)를 지불하는 상황이 지속되자 흑자 실현이 불가능했다. 그래서 기본 서비스는 저가로 책정하더라도 야후BB 회원 간 통화를 무료로 제공하는 인터넷전화(IP전화)와 무선LAN을 결합한 세트상품을 개발했다. 동시에 브로드밴드를 활용해 영화 등을 동영상으로 전송하는 옵션 서비스를 끼워 넣었다. 그 결과 고객단가가 높아져 실적도 급속히 개선되었다.

손정의는 이와 같은 전략을 취할 때마다 사업계획서를 재검토했다. 때문에 담당자는 수시로 사업계획서를 재작성하느라 매일 철야 근무를 해야 했다. 아마 그때 작성한 사업계획서 유형만 해도 1,000가지를 훨씬 웃돌았을 것이다.

## 비 오는 날 브로드밴드가 얼마나 팔릴지 예측하라

손정의는 사업계획서뿐만 아니라 매일 반복되는 일상 업무에서도 수치를 통해 계획을 철저히 설명하도록 요구한다. 특히 소프트뱅크가 브로드밴드 사업에 주력했던 2003년에 그러한 방침을 철저히 실천에 옮겼다.

당시 손정의는 브로드밴드 사업을 홍보하기 위해 야외에서 캠페인을 펼칠 때, 수치를 예상하도록 하는 지시를 내렸다. "날씨가 맑으면 어느 정도 판매될까?" "신참 아르바이트 직원과 고참 아르바이트 직원의 매출액을 비교하면 어느 정도 차이가 날까?" "장소에 따라서는 매출액에 어느 정도 차이가 날까?" "만약 매장 한 곳에 인원을 늘리면 매출액이 어느 정도 증가할까?" 등의 변수를 통계상으로 분석하라는 지시였다.

당시 소프트뱅크는 신규 고객을 확보하기 위해 대대적인 홍보활동을 펼치고 있었는데, 손정의와 간부급 사원들뿐만 아니라 캠페인 현장에 있는 사원들까지도 일일 실적표를 보고 일희일비했다. 그 정도로 소프트뱅크그룹 내에선 일일 단위로 실적을 파악하는 일이 보편화되어 있었는데, 손정의는 심지어 예측도 수치로 하도록 지시를 내렸다.

일일 매출을 정확하게 예측하기란 쉽지 않다. 그렇지만 예측해야 했다. 왜냐하면 당시 판촉비가 재무상 부담으로 작용한 탓에 정확한 수치에 따른 비용 효율화를 추구해야 했기 때문이다.

본사에서는 브로드밴드의 신규 고객 확보 수를 철저히 분석해 부문별 매출액 차이를 비교했다. 그 결과 가령 '맑은 날이 100이라면, 흐린 날은 75, 비 오는 날은 50' '신참 아르바이트 직원을 100이라 하면 고참 사원은 150' '장소에 따른 매출액 비교로서 A매장을 100이라 하면 B매장은 80' '인원수와 매출액의 관계로서 첫 번째 사람을 100이라 하면 두 번째 사람은 90, 세 번째 사람은 85……' '평일을 100이라 하면 휴일은 150'이라는 사실을 알게 되었다. 손정의의 지시가 있기 전까지는 무심코 보았던 실적표의 이면에 이 같은 논리가 숨어 있었다.

이러한 분석을 통해 '어느 역 앞에 있는 매장에서 고참 사원 한 명과 신참 아르바이트 직원 한 명이 조를 이뤄, 날씨가 맑은 일요일에 캠페인을 펼쳤을 때 확보할 수 있는 고객 수'를 예상할 수 있게 되었다. 이와 같이 하나하나의 캠페인을 통해 확보할 수 있는 고객 수에

대한 예측 정확도가 높아지면 전체적인 예상수치도 더욱 정확해진
다. 또한 예산 관계상 캠페인 전개 횟수를 줄이는 경우가 있더라도
우선순위를 정해 규모를 조정할 수 있게 된다.

나아가 각각의 캠페인 현장에 있는 직원들도 자신이 달성해야 할
목표가 어느 정도인지 뚜렷이 알게 된다. 원래 현장직 사원과 아르
바이트 직원은 매일 동일한 캠페인 장소에 있지 않기 때문에 통제하
기가 힘들었다. 그리고 분석을 통해서도 알 수 있듯이 캠페인 장소,
요일, 날씨에 따라 실적이 크게 달라지므로 실적이 부진하면 "오늘
은 사람들 왕래가 적어서" "오늘은 아르바이트 직원이 쉬는 날이라"
"오늘은 날씨가 나빠서" 등 얼마든지 이유를 댈 수 있었다.

그러나 정확한 수치 분석을 한 결과, 그 같은 이유가 통하지 않게
되었다. 반대로 예상을 웃도는 매출을 달성하면 사원과 아르바이트
직원의 성과로 인정해 초과달성 부분을 보수에 반영했다. 그 때문
에 현장직 사원들의 의욕이 높아져 이들이 다양한 아이디어를 내게
되었다. 이것이 소프트뱅크가 브로드밴드 사업에서 약진할 수 있었
던 원동력이다.


## 소프트뱅크의 1,000개 노크

손정의는 수치를 분석할 때 단위와 기간을 매우 중요시한다. 나아

가 균형 잡힌 경영을 실현하기 위해 경영분석 지표 1,000개를 설정했는데, 이것을 소프트뱅크에서는 '1,000개 노크'라고 부른다. 그리하여 부문 단위로 그날그날의 결과를 그래프로 표시한다.

원래 1,000개 노크는 소프트웨어 유통사업을 시작할 때 도입한 것으로, 사내 실적을 관리하기 위해 팀마다 소프트웨어 종류, 지역, 고객별로 세세하게 분류했다. 이때 한 팀의 인원수는 9명까지로, 한 자릿수 인원으로 구성했다. 이른바 경영학에서 말하는 통제범위span of control의 원칙에 입각하고 있었다. 즉, '관리자 한 사람이 통제할 수 있는 인원은 5명에서 최대 9명이다'라는 것이다.

그리고 조직은 그와 같은 작은 단위가 모여서 이루어진다. 예를 들면 어떤 회사라도 팀은 5명에서 7명으로 구성되며, 그런 팀이 몇 개 모여 과가 되고, 다시 과가 모여 부가 된다. 손정의는 이와 같은 의미에서 가장 작은 단위로서 1,000개 노크를 적용했다.

물론 1,000개 노크는 매일 산출하기 때문에 정확한 데이터는 아니다. 다시 말해 그것은 결산을 하기 위한 재무회계라기보다는 관리회계를 목적으로 하는 것이기 때문에 무엇을 전제로 하는지만 잘 이해하고 있으면 재무회계 수치가 동일하지 않아도 된다. 그보다는 각 팀이 매일 확인한다는 것에 의의를 두었다.

손정의는 1,000개 노크를 초계기 비행방식* 또는 콕크피트*라고 불렀다. 비행기조종사가 계기만 보면서도 구름 속을 날 수 있다는 의미였다.

이에 비해 연간 및 분기별 재무회계 수치를 보면서 기업을 경영하는 계기 비행방식은 자동차의 백미러를 보면서 운전하는 것과 동일하다. 그렇지만 손정의는 이 방식을 더욱 세련되게 시스템화하여 효율적으로 활용하고 있다. 예를 들면 스마트폰이라는 최첨단 기기를 이용해 모든 정보를 수시로 공유하는 시스템을 구축했다. 이러한 응용능력이야말로 소프트뱅크가 도약하게 된 보이지 않는 요인 가운데 하나다.



**＊초계기 비행방식**flight on patrol aircraft : 손정의는 이시카와 요시미(石川好, 1947~)라는 평론가가 집필한 《손정의 바람이 몰아친다》(쇼각칸문고)라는 책에서 초계기 비행에 대해 다음과 같이 설명했다.

"기업을 경영하는 방식에는 여러 가지가 있을 수 있겠지만, 비행기의 비행방식에 비유해 크게 나누어 보면 CEO의 감으로 경영하는 유시계 비행방식visual flight rule과 철저한 경영분석을 통해 경영하는 계기 비행방식instrument flight rule이 존재합니다. 하지만 저는 초계기 비행방식을 실천하고 있습니다. 단순한 계기 비행으로는 멀고 먼 태평양을 건널 수 없습니다. 설사 건넌다 한들 커다란 위험이 따릅니다. 저는 최첨단 장비로 무장한 점보기를 타고 태평양을 안전하게 건너고자 하기 때문에 '계기' 앞에 '초'자를 덧붙였는데, 향후에는 우주선처럼 우주로 날아갈 수 있는 서틀경영을 목표로 삼고 있습니다. 이 경영방식에 대해서는 아직 아무에게도 공개하지 않았습니다."

**＊콕크피트**cockpit : 항공기의 조종석 또는 경주용 자동차의 운전석.

## 수치는 '감'으로 이해할 수 있도록 하라

손정의에게 자료를 제출할 때가 되면 담당자는 긴장하게 된다. 컴퓨터로 작성한 매우 복잡한 수치일지라도 오류가 있으면 즉시 지적을 받는다는 사실을 잘 알고 있기 때문이다. 지적을 받은 사람은 자신이 몇 시간이나 고민하면서 작성한 자료임에도 불구하고 몇 초 만에 지적받으면 어디에 오류가 있는지 알지도 못하면서 놀라서 당황한다.

어째서 그런 일이 가능할까. 손정의는 수치를 '감'으로 이해하기 때문이다. 손정의는 직원들에게 "수치는 포스(force, 여기서 말하는 포스란 영화 〈스타워즈〉 시리즈에 등장하는 제다이 기사Jedi knight들의 초능력을 가리킨다)로 알게 되어 있다. 생각하는 게 아니라 느끼는 것이다"라고 농담처럼 말하곤 한다.

그러나 손정의의 '감'이라는 것은 초능력에서 나오는 것이 아니다. 그것은 매일 거듭한 훈련의 산물이다. 예를 들면 손정의는 아침에 신문을 읽을 때 어느 회사의 결산에 관해 보도한 기사는 읽기 전에 미리 매출액 및 이익 등을 예상한다. 일상생활이나 모든 업무 처리 상황에서도 그렇게 한다. 수치를 예측하기 위해서는 앞에서 언급한 사업계획 수립과 마찬가지로 머릿속으로 신속하게 파악해야 한다. 그러므로 자연히 감이 예리해진다.

이와 같은 감은 초밥을 만드는 장인의 감과 유사하다. 입신의 경지에 오른 초밥의 달인은 오랜 시간의 경험과 감을 통해 손에 쥐는 밥알 수가 언제나 똑같게 된다. 그와 마찬가지로 손정의도 모든 상황에서 수치를 예상하는 훈련을 한 결과 경영자로서의 감을 발휘할 수 있게 된 것이다. 손정의는 직원들에게도 동일한 훈련을 하도록 권하고 있다.

## 한번 목표한 수치는 결코 수정하지 않는다

손정의의 수치에 대한 집착은 집요하기 그지없다. 이는 단지 어느 한 시점의 이야기가 아니다. 손정의의 수치 감각은 시간축에 입각한 방향성을 지니고 있다. 예를 들면 매출은 매일·매월·매년 증가하는 것을 당연한 전제조건으로 삼고 있다.

이와 같은 손정의의 수치 감각을 잘 나타내는 일화가 있다. 손정의의 차를 모는 운전기사의 체험담이다. 지금은 이전했으나 2000년 무렵 소프트뱅크 본사는 도쿄 하코자키箱崎의 도쿄시티 에어터미널 앞에 있었다. 당시 신규 사업 발표와 회의를 본사 가까운 곳에 있는 호텔에서 할 때가 많았다.

어느 날 손정의는 운전기사에게서 다음과 같은 말을 들었다.

"어느 날 하루는 운 좋게도 청색 신호가 이어졌습니다. 그래서 그 날은 빌딩 지하주차장에서 호텔까지 6분 만에 갈 수 있었습니다. 그러자 그날부터 대표님은 6분 전이 되지 않으면 주차장으로 내려오지 않았습니다. 그 이전에는 언제나 회의 시작 7분 전에 내려오셨는데 이제는 6분 전에 내려오셔서 저는 언제나 6분 안에 도착하도록 가슴을 졸이면서 운전해야 했습니다.”

손정의는 일단 목표 수치를 제시하면 결코 낮추지 않는다. 다시 말해 모든 실적의 수치를 기억하고 있어 그 수치를 달성하면 다음에는 아무리 못해도 그 수치보다 떨어지지 않을 것을 요구했다. 이것이 손정의의 수치 감각이었다.

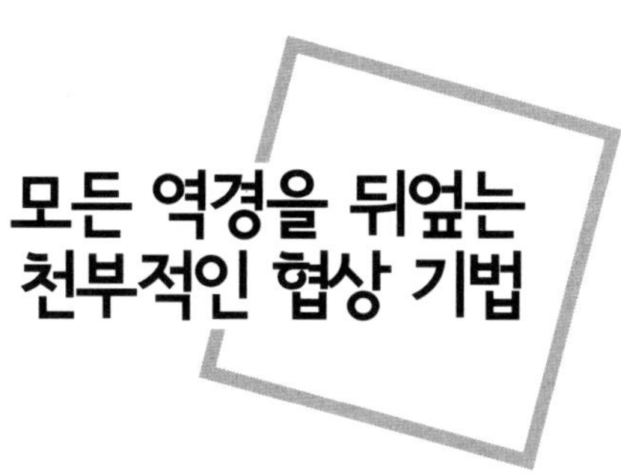


## NTT도코모와의 아이폰 쟁탈전

2008년 6월 4일 소프트뱅크는 애플사의 스마트폰인 아이폰을 연내에 판매할 계획이라고 발표했다. 아이폰은 2007년 1월부터 판매하기 시작해 2010년 4월 시점에서 전 세계적으로 출하 대수 5,000만 대를 돌파한 인기 있는 휴대전화다. 실제로 소프트뱅크가 판매하기 시작한 2008년 7월 11일 이후, 휴대전화 사업자 중 소프트뱅크가 유일하게 가입자 수를 계속 늘리는 커다란 원동력이 되었다.

그렇지만 당시(2008년 6월 4일)의 발표에는 '애플사와 합의했다'는 사실, '판매 시점이 연내'라는 무척 간단한 내용만 있을 뿐이었다. 이는 발표 직전까지도 협상 진척 상황을 최고 수준의 대외비로 관리하고 있었기 때문이다. 내부적으로 판매 시기를 검토하고 있을 뿐, 현장에는 구체적인 정보와 시기가 전달되지 않았다.

그러나 아이폰 판매를 놓고 소프트뱅크와 NTT도코모가 치열하게 경쟁을 벌인 사실은 휴대전화와 IT업계에 흥미가 있는 사람이라면 누구나 알고 있을 것이다. 거대 통신기업인 NTT(일본전신전화주식회사)의 자회사인 NTT도코모(우리나라의 KT와 KTF의 관계에 해당)는 일본에서 삼척동자도 다 아는 최대 휴대전화 회사다. 후발주자인 데다 규모도 작은 소프트뱅크에겐 너무 버거운 상대였다.

그렇지만 계란으로 바위 치기라 일컬었던 아이폰 쟁탈전에서 손정의는 승리했다. 그리고 그 승리는 손정의와 소프트뱅크에게 극적인 전환점이 되었다. 손정의는 어떻게 해서 아이폰 쟁탈전에서 승리할 수 있었을까? 그것은 바로 그의 특출한 '협상력' 덕분이었다.

소프트뱅크의 아이폰 판매 발표가 있기 6개월 전인 2007년 12월, 미국의 〈월스트리트저널〉에 애플사의 스티브 잡스가 NTT도코모의 간부와 만났다는 기사가 실렸다. 동일한 기사에 애플사는 소프트뱅크와도 협의하고 있다고 보도되었다. 당시 두 회사의 간부가 모두 미국 캘리포니아 쿠퍼티노에 있는 애플의 본사를 방문했다. 두 회사의 경쟁이 가시화되고 있었다.

애플사에서도 일본의 휴대전화 시장을 중요하게 보고 있었다. 일본의 경제 규모가 당시만 해도 세계 2위였고 일본의 사용자들이 이미 음악과 카메라 등이 장착된 고성능 휴대전화에 친숙했기 때문이다. 그와 같은 고성능 휴대전화가 보급된 시장에서 소비자들의 선택을 받게 된다면 세계 시장에서도 우위를 차지하게 될 것이었다.

그러나 휴대전화 단말기 부분 세계 최대 시장점유율을 자랑하는 노키아조차 일본에서 고전하고 있었다. 그 때문에 휴대전화 회사와의 관계 내지 연결고리를 어떻게 이어 나가야 할 것인가가 애플에겐 매우 중요한 과제였다. 일본 시장에서의 파트너 선택은 그만큼 어려운 문제였다.

그렇지만 애플사는 원칙적으로 그 나라에서 1위인 휴대전화 회사 한 곳과만 제휴했다. 그런 만큼 일본 휴대전화 시장에서의 점유율이 3위인 소프트뱅크는 1위인 NTT도코모에 비해 절대적으로 불리했다.

## 휴대전화와 아이폰의 융합

어떻게 소프트뱅크는 이런 불리한 상황을 극복하고 아이폰 판매권을 따낼 수 있었을까? 그것은 소프트뱅크가 NTT도코모보다 훨씬 앞서 장기적인 비전에 입각해 애플사와 심도 있는 논의를 해왔기 때문이다.

소프트뱅크는 2006년 3월 영국의 이동통신회사 보더폰의 일본 법인인 보더폰저팬을 인수할 때부터 휴대전화와 콘텐츠를 결합한 서비스를 지향했다. 그렇게 하기 위한 전략 중 하나가 보더폰의 휴대전화에 'Y!' 버튼을 탑재해 야후재팬 서비스를 제공하는 것이었다.

그러나 손정의는 세계에서는 물론 일본에서도 크게 유행한 애플사의 MP3플레이어인 아이팟 기능을 탑재한 휴대전화를 만들기 위해 실현 가능성을 모색했다. 아이팟의 비즈니스 모델도 콘텐츠와 MP3플레이어가 결합된 서비스로서, 이는 손정의가 지향하는 목표였다. 2006년 3월 일부 언론에 손정의가 도쿄에서 스티브 잡스와 극비리에 만난 사실이 보도되기도 했다.

그러나 애플사의 설립자이자 CEO인 스티브 잡스는 자사의 제품 개발에 대해 이상하리만치 지나친 열의와 집착을 보였다. 애플사와 제휴해 일본 시장을 대상으로 하는 아이팟 기능을 탑재한 휴대전화를 개발한다는 이야기는 쉽사리 결말이 나지 않았다. 설사 결말이 난다 해도 그때부터 휴대전화를 자체 개발해야 했다. 통상 휴대전화 개발은 기획 단계부터 시장에 투입할 때까지 2년가량 걸리는 게 보통이었다.

그러는 사이 2006년 6월에는 KDDI의 자회사인 au가 먼저 소니와 제휴해 휴대전화, MP3, 워크맨 기능이 탑재된 워크맨 휴대전화를 판매하기 시작했다. 이는 소프트뱅크로서도 애플사로서도 뼈아픈 일이었다.

당시 애플사의 아이팟은 미국 MP3플레이어 시장에서 시장점유율

70퍼센트를 차지하고 있었다. 일본에서는 소니의 워크맨과 시장을 양분하고 있는 상황이었다. 워크맨이 휴대전화와 결합해 시장점유율을 높임으로써 시장에 충격을 주었다고도 할 수 있다.

그 영향은 비단 일본에만 그치지 않을 것으로 예상되었다. 소니가 일본에서 워크맨 휴대전화를 연착륙시키면 세계 시장에서도 주도권을 장악할 것이 틀림없었기 때문이다.


## 애플사의 리스크 회피

이러한 au의 움직임에 대항해 소프트뱅크는 2006년 9월 15일 샤프사가 개발한 인기 기종인 705SH라는 단말기에 아이팟을 탑재한 세트 서비스를 제공하기 시작했다. 또한 2006년 12월 8일부터는 모든 기종에 아이팟을 탑재한 세트 서비스를 제공하기 시작했다. 그런 세트 서비스는 단지 au의 워크맨 휴대전화에 대응하는 데 그치지 않았다. 소프트뱅크와 애플사와의 관계 강화라는 역할까지 수행했다. 애플사로서는 세계 시장을 방어하기 위한 공동전선이라는 사정도 있었다.

또한 그와 전후해 2006년 8월 15일에는 보더폰저팬을 온전히 자회사로 만들어 회사명을 소프트뱅크 모바일로 바꿈과 동시에 새로운 브랜드로서 소프트뱅크 모바일의 로고를 발표했다. 이미 알고 있

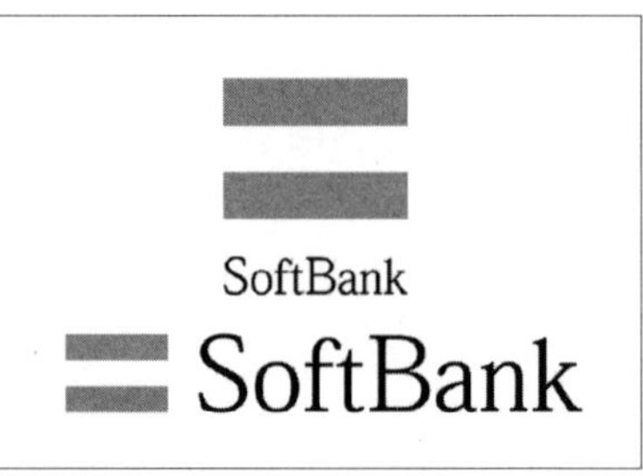

소프트뱅크 모바일의 로고

는 사람도 많겠지만 소프트뱅크그룹의 로고는 손정의가 아주 좋아
하는 사카모토 료마가 이끌었던 해원대* 깃발에 있는 가로 2개 선을
토대로 하여 소프트뱅크의 기업 컬러인 노란색을 넣은 것이다. 소프
트 뱅크모바일의 로고는 소프트뱅크그룹의 로고 및 디자인과 동일
하지만 색상만 다르게 적용해 은색 가로 2개 본선으로 되어 있다.

**경영 상식**

*해원대海援隊 : 사카모토 료마가 서구와 경쟁해 부를 축적한다는 목표하에 조
직한 일본의 첫 신식 해군이자 무역결사대. 해원대는 이후 미쓰비시상사의 원
조가 되었고 일본이 미국을 상대로 태평양전쟁을 일으키는 원동력이 되었다.

소프트뱅크가 발표한 보도자료에 따르면 로고의 디자인은 "휴대
전화 사업의 원점으로 돌아가 보다 나은 상품 및 서비스를 제공하겠
다는 결의를 표명하기 위해 휴대전화 본연의 기본색인 은색으로 지
정"했다. 또한 "색 그 자체를 통해 찬란하게 나타나는 사실적인 이

미지와 시대가 지나도 퇴색하지 않는 원시적인 강렬함은 스스로를 연마하면서 혁신적인 서비스를 제공하는 회사임을 표현하고 있다" 라고도 설명했다.

그러나 이는 어디까지나 대외적인 발표에 불과했다. 2006년 당시 적용되었던 아이팟의 이미지컬러를 떠올려 보기 바란다. 아이팟은 2007년 9월 제6세대 아이팟이 판매될 때까지는 흰색을 기본으로 하는 본체에 금속성의 은색 클릭휠click wheel을 배치하는 디자인이 주류였다. 또한 애플사는 이전 검정색 일색의 이어폰도 흰색으로 변화를 줘 참신한 이미지를 만들어 내는 데 성공했다. 흰색 이어폰은 '아이팟을 가지고 있는 사람'을 상징하므로 아이팟 유저가 판매촉진 매체가 되는 효과를 가져와 아이팟의 보급에 크게 기여했다. 이와 같이 흰색을 기본으로 하여 일부에 금속성 은색을 배치하는 색채 설계가 아이팟 보급에 중요한 역할을 했다.

손정의는 아이팟 이미지를 그대로 소프트뱅크의 이미지에 적용했다. 그리하여 소프트뱅크 모바일의 로고를 흰색 바탕에 금속성 은색으로 된 가로 2개 선으로 구성했다.

마찬가지로 애플사에서 강하게 영향을 받은 것이 소프트뱅크 모바일 매장의 색채 설계 부분이다. 매장 안에 설치한 조명기기도 흰색을 기본으로 삼았다. 이와 같은 이미지는 아이폰·아이패드 등과 같은 새로운 모델을 판매할 때마다 텔레비전에서 보도되는 소프트뱅크 오모테산도점表参道店을 통해 널리 알려져 있다.

애플사는 일본에서도 자사 제품의 특성을 살린 애플 매장을 설치했다. 애플 매장도 흰색을 기본으로 삼고 있었으므로, 소프트뱅크 매장과 애플 매장은 로고가 없으면 구별하기 힘들 정도다. 애플사의 영향을 받아 소프트뱅크 모바일이 의도적으로 이미지를 공유하고 있다고 생각하는 게 맞을 것이다.


## 손정의와 스티브 잡스

소프트뱅크 모바일은 애플사와 마케팅과 색채 설계 측면에서만 제휴한 건 아니었다. 손정의 자신이 스티브 잡스와 개인적으로 두터운 친분을 유지하고 있었다. 예를 들면 스티브 잡스가 미국에서 개최하는 IT업계의 주요한 행사가 끝나고 개인적으로 이야기를 나누는 몇몇 경영자가 있는데, 그 가운데 한 사람이 손정의다.

손정의는 소프트뱅크에서 아이폰을 판매하기 훨씬 전부터 스티브 잡스와 친분을 유지해 왔다.

그러나 단순히 비즈니스 미팅을 자주 갖는다고 개인적인 친분이 쌓이지는 않는다. 지금과 같은 관계로 발전할 수 있었던 건 무엇보다 두 사람이 비즈니스를 공유할 수 있었기 때문이다.

애초 아이폰은 일본 판매에 초점을 두고 협상한 게 아니었다. 손정의의 '콘텐츠와 휴대전화를 결합한다'는 비전이 있었기 때문에 시작된 거래였다.

물론 소프트뱅크는 물론 손정의 개인적으로도 애플사를 엄청난 관심과 존경의 눈으로 보고 있다는 뜻을 스티브 잡스에게 전했다. 기회가 있을 때마다 손정의는 "스티브 잡스는 천재다"라는 칭찬을 아끼지 않았다. 또한 아이폰에 대해 "인생을 가장 멋지게 즐기고 싶은 사람들을 위한 신의 하사품"이라고까지 말했다.

앞서 언급했듯이 손정의는 아이팟 판매 제휴를 통해 실적을 쌓아 올리는 한편 스티브 잡스와의 개인적인 연결고리도 꾸준히 유지했다. 이 사실만 놓고 보더라도 NTT도코모에게 손정의가 있는 소프트뱅크는 만만한 상대가 아니었다. 그러나 손정의에게는 이 외에도 전략이 더 있었다.

## 일본 3위가 아니라 아시아 최고 기업으로 군림

2006년 무렵 〈월스트리트저널〉은 "애플사가 각 나라 1등 기업과 제휴하고 있기 때문에 NTT도코모가 유력하다"라고 보도했다.

분명히 일본 내에서의 휴대전화 누적 가입자 수는 NTT도코모가 가장 많았다. 그러나 소프트뱅크는 매월의 신규 가입자 수에서 1위를 유지했다. 애플사에게 중요한 것은 신규 고객 확보이지 기존 고객 수가 아니었다.

또한 누적 가입자 수가 많은 NTT도코모는 아이모드i-Mode라는 독자적인 플랫폼에서 작동하는 콘텐츠를 많이 보유하고 있었다. 그 사실은 거꾸로 말하면 애플사가 콘텐츠 면에서 NTT도코모와 경쟁하는 것이 되어 두 회사의 이해관계가 충돌할 가능성이 있다는 뜻도 되었다. 즉 누적 가입자 수가 가장 많다고 해서 반드시 우위에 있다고 단정할 수 없었다.

지리나 비즈니스 측면으로도 시야를 넓혀 보자. NTT도코모가 일본에서 휴대전화 가입자 수 1위임은 자명한 사실이다. 그러나 아시아의 인터넷 시장이라는 관점에서 보면 소프트뱅크그룹이 1위라고 할 수 있었다.

실제로 손정의는 아시아 시장으로 영역을 넓혔다. 예를 들면 2010년 야후재팬은 중국 최대의 인터넷 쇼핑몰인 타오바오淘寶網와 제휴했다. 2003년에 오픈한 타오바오는 중국 전자상거래시장에서 약 80퍼센트의 점유율을 차지하는 중국 최대의 온라인 쇼핑몰이다. C2C와 B2C* 전자상거래 사이트를 운영하고 있으며, 일본의 야후옥션과 라쿠텐을 합쳐 놓은 듯한 기업이다.

---

*B2B Business to Business : 기업이 기업 고객을 대상으로 하는 사업.
 B2C Business to Consumer : 기업이 개인 고객을 대상으로 하는 사업.
 C2C Consumer to Consumer : 개인이 개인 고객을 대상으로 하는 사업.
 B2G Business to Government : 기업이 정부를 대상으로 하는 사업.

취급 품목 수 4억 개, 고객 수 약 2억 명, 연간 유통금액은 3조 엔에 이른다. 2009년 중반에는 회원 수가 1억 4,500만 명을 웃돌았다. 그리하여 가전·의류·액세서리·스포츠웨어부터 일용잡화까지 모든 종류의 상품을 판매하고 있다. 중국 정부의 통계에 따르면 타오바오의 소매 판매액은 중국 전체의 약 1.4퍼센트를 차지한다. 따라서 당연히 중국 최대의 소매업 회사인 셈이다. 그 타오바오가 바로 소프트뱅크그룹이 중국의 알리바바그룹阿里巴巴, 미국의 야후와 공동으로 설립한 기업이다. 2010년 현재 소프트뱅크그룹이 지분을 30퍼센트, 야후가 40퍼센트 보유하고 있다.

당시 손정의는 기자회견에서 "야후쇼핑과 합하면 취급 품목 수 4억 5,000만 개, 고객 수 2억 6,000만 명, 유통금액 3조 8,000억 엔에 이르러 이베이*를 능가하는 세계 최대의 전자상거래 사이트가 된다"라고 제휴 의의에 대해 설명했다. 그리하여 손정의는 실적 면에서도 비교의 근거를 제시했다.

스티브 잡스는 일본 3위의 휴대전화 회사와 손을 잡은 게 아니다. 아시아 인터넷시장에서 1위를 하고 있는 기업과 손을 잡은 것이다. 이것이야말로 스티브 잡스마저 높이 평가하는 손정의의 협상 능력이다. 그러나 손정의의 시선은 더욱 먼 곳을 바라보고 있었다.

*이베이eBay : 1995년에 미국 캘리포니아의 산호세에서 컴퓨터 프로그래머인 피에르 오미디야르(Pierre Omidyar, 1967~ )가 옥션웹AuctionWeb이란 이름의 개인 경매사이트를 열었다. 처음 취급한 품목은 결함이 있는 레이저 포인터였는데 이것이 14.83달러에 팔리면서 인터넷경매의 가능성을 보여 주었다. 1997년 회사 이름을 이베이로 바꿨다. 1998년에 오하이오주 신시내티에 있는 경매 사이트인 업포세일닷컴Up4Sale.com의 인수를 시작으로 온라인 결제대행사인 페이팔PayPal을, 영국의 부동산중개 사이트인 검트리Gumtree와 웹폰 회사인 스카이프Skype를 인수하는 등 세계로 영역을 넓혀 나갔다. 2001년에는 한국에서 가장 먼저 설립되었던 인터넷경매 사이트인 옥션Auction을 인수하고, 2009년에는 오픈마켓 사이트인 G마켓을 인수했다.

## 메가톤급 세계화 전략

소프트뱅크는 2008년 4월 24일(아이폰의 일본 판매에 대해 발표하기 약 한 달 전) "소프트뱅크, 차이나모바일, 보더폰이 합작회사인 '조인트 이노베이션 랩JIL: Joinf Innovation Lab을 설립하는 데 합의했다"라고 발표했다. 당시 언론은 이 내용을 그다지 주목하지 않았지만 애플사와의 협상을 염두에 두었던 만큼, 지금 생각해 보면 의외로 중요한 발표였다.

먼저 세 회사의 이름이 동시에 거론되었다는 점을 주목하고 싶다. 차이나모바일은 세계 최대인 약 3억 9,200만 건에 이르는 계약 건수(2008년 3월 말 기준)를 자랑하는 이동통신 사업자였다. 보더폰 역시 5대륙 25개국에서 이동통신사업을 전개, 약 2억 5,200만 건에 이르는 계약 건수(2007년 12월 기준, 출자비율 환산)를 보유하고 있는 세계 유수의 기업이었다. 즉 3개 회사의 가입자 수를 합하면 7억 명에 이른다. 규모 면에서 절대적인 우위를 차지하는 3개 회사의 제휴는 그때까지 없던 일이다.

기자회견 당시 발표된 내용을 보면 다음과 같다.

"3사는 휴대전화 단말기를 이용하는 새로운 기술과 앱 서비스 개발을 추진하는 합작회사인 조인트 이노베이션 랩을 설립하기로 합의했습니다. 이번 합의는 휴대전화 단말기가 인터넷 단말기로 급속히 이행하고 있는 시대적 흐름에 맞추어 더욱 고도화된 휴대전화 서비스를 제공하는 데 그 목적을 두고 있습니다.

3사는 조인트 이노베이션 랩을 통해 새로운 기술 및 시장의 흐름을 파악해 다양한 휴대전화 서비스를 개발하겠습니다. 그리하여 이 동통신업계에 혁신과 시너지효과를 불러일으켜 전 세계 사용자들에게 보다 나은 최첨단 서비스를 제공하겠습니다. 가장 먼저 조인트 이노베이션 랩은 보안·통신제어·요금청구 시스템 등을 고려, 다양한 플랫폼과 OS에 대응할 수 있는 모바일 위젯* 실행환경을 제공하겠습니다. 그렇게 하면 더욱 다양하고 혁신적인 위젯을 개발할 수 있을 거라고 확신합니다."

---

*위젯widget : 자주 이용하는 서비스를 작은 아이콘 형태로 만들어 웹브라우저를 통하지 않고도 구동시키는 프로그램.

이 발표의 요지는 애플사가 아이폰과 아이팟을 내세워 세계 시장을 장악하고 있는 것과 마찬가지로, 소프트뱅크 역시 자사 중심의 콘텐츠 관리 플랫폼을 구축해 수익을 올리겠다는 것이었다.

이는 어디까지나 필자의 추측이지만, 손정의는 그러한 내용을 발표했다는 사실만 스티브 잡스에게 알렸을 것이다. 아니면 스티브 잡스가 직접 그 이야기를 언급해 주기를 기다리고 있었을지도 모른다. 어찌 되었든 구체적인 이야기를 하지 않은 것은 틀림없다.

그러나 그 사실을 전달한 것만으로도 손정의가 맹목적인 추종자가 아니라는 사실이 스티브 잡스에게 충분히 전달되었을 것이다. 그 시점에서 스티브 잡스는 손정의를 '세계 휴대전화 시장에서 새로운 비즈니스 모델을 추구하는 경영자'로 인식하고 있었다. 일본 3위의 이동통신회사 CEO도 아니며, 아시아 최고의 인터넷회사를 이끄는 CEO도 아니었다. 어떤 의미에서 손정의는 스티브 잡스와 어깨를 나란히 하는 인물로 부각되었다. 소프트뱅크, 차이나모바일, 보더폰의 제휴는 손정의가 스티브 잡스에게 마지막으로 눈도장을 찍은 사건이었다.

이와 같이 손정의의 협상 기법은 단지 말만 앞세우는 것이 아닌 비전에 입각한 원대한 것이었다. 그러므로 돌이켜 생각해 보면 소프트뱅크가 NTT도코모를 제치고 아이폰 독점 판매권을 따내게 된 것은 당연한 결과였다.

## 맨주먹으로 창출한 비즈니스 모델

손정의는 예전에도 여러 차례 협상을 시도해 일을 성사시킨 적이 있었다. 예를 들어 고등학교(구루메대 부고)를 중퇴하고 미국으로 건너가 단 3주 만에 고등학교를 졸업했는데 그것도 협상의 산물이었다.

1974년 2월 대망의 미국 유학을 떠난 손정의는 영어 공부를 위해 우선 오클랜드 지역에 있는 학원에 등록했다. 그리고 새 학기가 시작되는 9월에 4년제 고등학교에 입학했다. 그런데 막상 수업을 받아 보니, 영어를 완벽하게 구사하는 것은 아니었지만 수업 내용이 너무나 쉬워서 실망스러웠다. 손정의는 일주일간 학교를 다녀 보고는 도저히 참을 수 없어 교장을 찾아가 1학년 수업 내용이 자신과 맞지 않는다면서 2학년으로 월반시켜 달라고 했다. 교장은 그의 뜻대로 2학년 수업을 듣도록 했는데, 또 며칠이 지나자 손정의는 3학년으로 진급시켜 달라고 했다. 역시 교장은 손정의의 뜻을 들어줬다. 하지만 또다시 손정의는 4학년으로 올려 달라고 했다. 교장은 이번에도 4학년으로 올려 줬다. 그런데 4학년 수업도 시시했다. 손정의는 교장에게 대학에 갈 수 있도록 졸업장을 달라고 했다. 손정의가 원하는 건 다 들어줬던 교장도 이번만은 불가능하다고 했다. 한 달 만에 고등학교 졸업장을 주는 경우는 없었기 때문이다. 손정의는 시간낭비를 가장 싫어하는 사람이었고 수업을 계속 듣는 것은 인생을 허비하는 일이라고 생각했다. 결국 손정의는 학교를 중퇴하기로 결심했다. 그 대신 고등학력을 인정하는 검정고시를 치르기로 결정했다.

미국의 검정고시는 다른 나라와 달리 복잡하고 어려운 시험이다. 게다가 1년에 단 한 번밖에 기회가 없다. 여섯 과목을 보는데 단 한 과목이라도 미달되면 불합격이다. 심지어 3일에 걸쳐 하루에 두 과목씩 보는데 하루에 보는 시험 문제의 분량 자체가 책 한 권 정도다.

미국에 온 지 6개월밖에 되지 않은 손정의에게는 난감한 일이었다. 막상 시험을 치르자 답은 알겠는데 문제의 의도를 파악하는 데 시간이 너무 많이 걸렸다. 가끔씩 모르는 단어 하나 때문에 문제 전체를 포기해야 하는 상황까지 발생했다. 그래서 손정의는 감독관에게 영어 단어를 찾을 수 있도록 사전을 볼 수 있게 해달라고 요청했다. 또 영어 해석 때문에 그러니 다른 사람보다 시간을 더 달라고 했다. 감독관은 그의 요구에 황당함을 감추지 못했다. 하지만 그대로 물러설 손정의가 아니었다. 그의 끈질긴 요구에 감독관은 상부의 결정을 따르겠다고 했다.

손정의는 직접 교육위원회에 전화를 걸어서 사전 사용을 허락받았고, 뿐만 아니라 사전을 찾는 데 걸리는 시간을 감안해 시험시간을 연장해도 좋다는 조치까지 얻어 냈다. 결국 손정의는 밤늦은 시간까지 문제를 풀 수 있었고 검정고시에도 단번에 합격했다. 단 3주 만에 고등학교 과정을 이수한 그는 천주교 기반의 홀리네임즈 칼리지Holy Names College에 입학했다. 그리고 2년간 대학을 다닌 후에는 드디어 꿈에도 그리던 UC버클리 경제학부 3학년에 편입했다.

손정의는 소프트뱅크도 협상 능력을 발휘해 설립했다. 손정의가 미국에서 돌아와 소프트뱅크를 설립한 1980년대 전반만 해도 일본에는 제대로 된 컴퓨터 소프트웨어 회사가 존재하지 않았다. 당시 PC 애호가들은 PC 전문잡지에 실린 BASIC과 문외한의 눈에는 0과 1의 나열로밖에 보이지 않는 기계어*로 프로그램을 만들었다.

그래서 프로그램을 만들기 싫어하는 사람들은 소프트웨어 회사(말만 그렇게 부르지, 실제로는 개인점포와 별반 다를 바 없는 영세업체가 많았음)에 현금을 지불한 다음 프로그램을 우편으로 전달받았다. 즉 소프트웨어 회사와 개인 사용자가 거래하는 직거래 통신판매가 주였다.

이 시기에 손정의는 소프트웨어 사업을 즉시 시작하고자 했다. 먼저 소프트뱅크가 비용을 부담해 소프트웨어 회사들을 오사카에서 열리는 가전 전시회에 참가하도록 했다. 그러나 그때는 비즈니스가 성사되지 않았다. 부스를 방문한 회사들이 전시회에 참가한 다른 회사와 명함을 주고받은 뒤 직접 거래를 했기 때문이다.

그러나 손정의는 전시회 참가를 계기로 오사카에 있는 조신전기

---

*기계어machine language : 컴퓨터가 이해할 수 있는 가장 기초적인 언어. 0과 1의 2진수로만 되어 있으며, 컴퓨터가 바로 이해하고 수행할 수 있다.

上新電機라는 회사와 독점계약을 맺었다. 그리고 그 독점계약을 발판 삼아 이듬해 당시 일본 최고의 게임소프트웨어 회사였던 허드슨사 Hudson와도 독점계약을 맺었다. 이 같은 능란한 협상 능력 덕분에 소프트뱅크와 더불어 일본 내 소프트웨어 시장이 빠르게 성장할 수 있었다.

### 손정의의 영어 실력은?

손정의의 영어 실력은 외국기업의 최고경영자와 협상할 때 강점으로 작용한다. 외국기업의 최고경영자와 직접 영어로 협상할 수 있다는 것은 확실히 강력한 무기다.

예를 들어 어떤 회사와 합작기업 설립 같은 공동사업에 대한 의욕을 표명할 경우가 있다고 하사. 사업을 반드시 성공시킬 자신이 있을 때라도, 기업을 대표하는 CEO가 영어로 직접 말하는 경우와 중간에서 통역이 사무적으로 번역해서 전달하는 경우는 받아들이는 느낌이 다를 수 밖에 없다. 또한 영어가 안 되면 협상 상대보다는 통역하는 사람에게 신경을 쓰면서 이야기를 하게 된다. 그렇게 되면 역시 대화가 부자연스러워진다.

또한 협상이 장기화되다 보면 아무래도 실무진 차원에서는 더 이상 일이 진척되지 않을 때가 있다. 그럴 경우 더욱더 최고경영자끼리 무릎을 맞대고 직접 커뮤니케이션하는 것이 중요하게 된다. 계약 마무리 단계에서 상대방이 수용할 수 없는 조건을 제시하면, 실무자는 향후 발생할지도 모르는 책임 질 상황에 대비해 계약서 초안에 항목을 집어넣는다.

이런 상황에서는 역시 최고경영자가 수용할 수 없는 조건은 딱 잘라  거절 의사를 밝히고 그런 조건은 집어넣지 않아도 계약의 목적을 달성할 수 있다고 잘 설명해야 한다. 그럴 때 최고경영자의 설명은 더욱더 중요해진다.

외국기업의 최고경영자 입장에서는, 제휴 상대인 일본 기업의 최고경영자가 영어로 말하면 안심하게 된다. 문제가 발생하면 최고경영자끼리 직접 논의할 수 있기 때문이다.

한국·중국·대만 기업의 최고경영자들은 영어로 커뮤니케이션하는 것을 당연하게 생각하고 있다. 그런 상황에서 일본의 최고경영자만 영어를 하지 못해 통역을 대동하면 그만큼 부정적인 인상을 준다.

손정의의 영어 실력은 회화든 이메일이든 원어민만큼 아주 능숙하지는 않다. 손정의는 고등학교 때 미국으로 건너가 원어민들과 자주 대화를 하며 경험을 쌓았지만 원어민처럼 유창한 수준에는 이르지 못했다. 그렇지만 외국인과 커뮤니케이션을 하는 데는 아무런 지장이 없다.

## 잉어잡이 마산을 벤치마킹하라

손정의의 협상 능력을 말할 때 빠뜨릴 수 없는 일화가 하나 더 있다. 바로 잉어잡이 마산이라는 사람에 관한 이야기다. 필자 자신도 손정의에게서 수시로 "협상하는 방법은 잉어잡이 마산에게서 배워야 한다"는 말을 들었다.

잉어잡이 마산은 일찍이 손정의의 고향인 사가현 도스시에서 가까운 후쿠오카현 구루메시 다누시마루마치에 실존했던 잉어잡이 명인이다. 본명은 우에무라 마사오上村政雄이며, 1913년에 태어나 1999년에 작고했다.

마산은 후쿠오카현과 사가현 사이를 흐르는 규슈 최대의 강인 치쿠고강筑後川에서 잉어를 잡을 때 '잉어 안기'라는 독특한 기술을 구사해 유명세를 떨쳤다. 아쿠타카와상芥川賞*을 수상한 히노 아시헤이(火野葦平, 1907~1960)와 역시 이 상을 수상한 가이코 다케시(開高健, 1930~1989)의 소설과 수필에 실명으로 등장하는 전설적인 어부다. 지금도 가족들이 그곳 다누시마루마치에서 민물고기 요리점을 운영하고 있다.

잉어 안기란 겨울철 치쿠고강에서 잉어를 잡을 때 잉어를 물 밖으

---

*아쿠타카와상芥川賞 : 1935년부터 매년 2회(1월과 7월) 시상되는 상으로 아쿠타가와 류노스케(芥川龍之介, 1892~1927)를 기리기 위해 제정했다. 정식 명칭은 '아쿠타가와 류노스케상'이며, 소설가에게 수여되는 신인상 가운데 가장 권위가 있다.

로 끌어내는 방법을 말한다. 강물의 온도가 내려가면 잉어는 물밑 웅덩이 같은 곳에 들어가 꼼짝도 하지 않는다. 물속 깊은 곳에 있는 웅덩이는 다른 곳보다 온도가 높기 때문이다.

잉어 안기를 하기 며칠 전부터 마샨은 영양가가 높은 음식으로 배를 채운 다음 몸 상태를 조절한다. 물속에서 체온이 내려가는 것을 막기 위해서이다. 그리고 고기를 잡는 당일에는 먼저 모래밭에 모닥불을 피우고 천천히 몸을 덥힌다. 몸이 따뜻해지면 물고기를 잡을 준비가 끝난 것이다. 이제 따뜻해진 몸으로 물속에 들어가 웅덩이에 가만히 드러눕는다. 그는 물속에서도 몇 분 이상 버틸 수 있다. 그리고 조용히 잉어가 다가오기를 기다린다.

차가운 물속에서 잉어는 사람의 체온에 이끌려 다가온다. 그러면 팔로 부드럽게 껴안은 다음 단숨에 들어 올려 강기슭에 있는 사람에게 던진다. 그의 손에 1미터짜리 커다란 잉어가 들려 올라온다.

잉어잡이 마샨이 잉어를 잡는 모습

이 마샨의 잉어 잡는 법과 손정의의 애플사 협상에는 닮은 점이 많다. 먼저 마샨이든 손정의든 모두 전 단계부터 충분히 준비를 한다. 그리고 상대가 스스로 원해 저절로 다가오도록 유도하는 것이다. 그리고 마지막 단계에서 단숨에 꽉 끌어안는다.

어느 쪽 기법도 어느 날 갑자기 흉내 낼 수 있는 것이 아니라 각자가 입신의 경지에 올라 있어야 가능한 일이라는 점에서 두 사람은 닮았다.

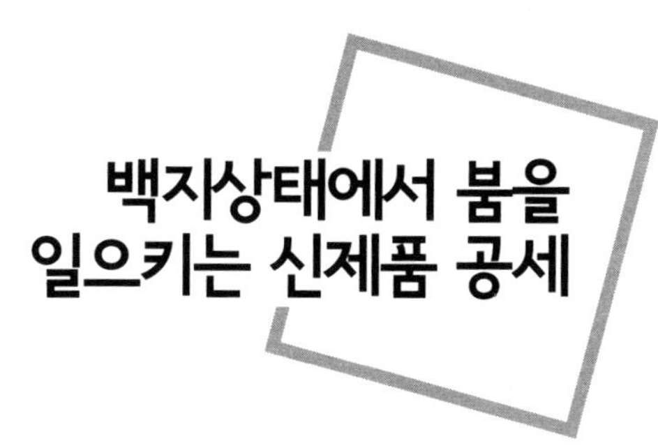

## 손정의의 신규 사업은 플래시 몹

항상 약소·후발 주자 입장에서 비즈니스를 시작했던 소프트뱅크는 붐을 조성하는 일이 중요했다. 광고뿐만 아니라 언론을 끌어들여 붐을 조성함으로써 강렬한 인상을 주어 경쟁사와 격차를 벌이는 전략이야말로 손정의의 주특기다.

그런 손정의의 전략을 한마디로 표현하자면 플래시 몹*이라고도 할 수 있다. 플래시 몹이란 플래시크라우드flashcrowd(접속자가 한꺼번에 폭증하는 현상)와 스마트 몹smart mob(뜻을 같이하는 군중)의 합성어로, 인터넷을 통해 불특정 다수가 정해진 시간에 한 장소에 모여 미리 계획된 행동을 하고 곧바로 흩어지는 것을 말한다.

2003년 6월 뉴욕의 한 역 앞에 모인 군중이 퍼포먼스를 펼친 것이 최초의 사례다. 그 후 스웨덴의 스톡홀름과 미국 시애틀 등으로 확산되었고, 일본도 영향을 받아 홋카이도와 오사카 등에서 행해졌다.



＊플래시 몹flash mob : 2003년 6월 오후 7시 18분 뉴욕 센트럴파크의 한 역 앞에 20~40대의 남녀 300여 명이 모였다. 서로 일면식이 없는 이들은 이메일과 휴대전화로 지침을 전해 받고 이곳에 모였으며, 정확히 3분 뒤 알아들을 수 없는 소리를 내기 시작했다. 이후 2분 간격으로 새소리를 흉내 내다가 "새소리bird noise"라고 중얼거리더니 "여기 와서 자연을 만끽하라"고 외쳤다. 그리고 20초 동안 "자~연na~ture"이라고 화음을 넣어 부르고 환호성을 지른 뒤 곧바로 흩어졌다.

2009년 7월 스톡홀름 중앙역 광장에서 거행된
마이클 잭슨 추모 플래시 몹

최근에 화제가 되었던 것이 마이클 잭슨을 기리는 플래시 몹이다. 추모 플래시 몹이 시작되자 역과 길모퉁이에서 마이클 잭슨의 노래 '빗 잇Beat It'이 흘러나왔다. 그러자 몇 사람이 나와 춤을 추기 시작했고 곧이어 눈 깜짝할 사이에 100여 명이 함께 춤을 췄다. 그리고 노래가 끝나자 다시 아무 일도 없었다는 듯이 흩어져 평상시 모습으로 되돌아갔다. 이 광경은 동영상 공유 사이트에서도 볼 수 있다.

그전까지 아무 관계도 없던 사람들이 일제히 무언가 같은 행동을 한다는 것은 그 자체로 강한 충격을 주게 되며, 어떤 때는 감동마저 자아내게 한다. 또한 참가자들은 집단에 소속되었다는 만족감을 느끼게 된다. 게다가 최근에는 인터넷 뉴스 사이트와 동영상 사이트를 통해 동일한 열기가 전 세계에 빠르게 전달된다는 것도 특징이다.

손정의의 신규 사업 출범이야말로 플래시 몹과 닮은 점이 많다. 많은 사람을 동원한다는 것과 세계적인 열기를 일본에 파급시킨다는 것, 나아가 모인 사람들에게 무언가 연대감을 심어 준다는 것 등이 그렇다.

최근에는 동영상 전송 서비스 유스트림을 적극적으로 활용하고 있기 때문에 그러한 모습이 동영상을 통해 신속하게 퍼져 나간다는 점에서도 같다.

## 아이폰 3G 판매 첫날을 겨냥한 치밀한 포석

2008년 7월 11일 소프트뱅크는 애플사의 아이폰 3G를 판매하기 시작했다. 그날 텔레비전을 통해 모닝쇼와 와이드쇼를 본 사람들은 아이폰 3G를 사기 위해 늘어선 행렬에 한결같이 놀라움을 표했다. 소프트뱅크 오모테산도점 앞에 늘어선 행렬은 육교를 지나 지하철 옆 도로로 이어졌고 거기서 다시 요요기 제1체육관까지 이어졌다. 행렬에 참가한 사람 수만 해도 1,500명을 웃돌았다.

또한 모닝쇼와 와이드쇼를 통해 아나운서가 아이폰 3G를 손에 들고 감탄사를 연발하는 장면이 보도되었다. 판매를 시작한 그날부터 아이폰 3G는 일부 마니아의 소유물이 아니라 누구나 동경하는 첨단 휴대전화로 인식되기에 충분했다.

그러나 그날 언론에 보도된 아이폰 3G 관련 뉴스는 치밀하게 계산된 것이었다. 2008년 7월 8일 소프트뱅크는 아이폰 3G를 7월 11일 낮 12시부터 전국적으로 판매하겠다고 발표했다. 그러나 소프트뱅크 플래그 숍*인 오모테산도점에서는 오전 7시부터 판매하겠다



*플래그 숍flagshop : '본점'이란 뜻. 플래그에는 '깃발로 장식하다, 기를 세우다'란 의미와 '일련의 물건 중에서 가장 빛나는 것, 최고의 것'이란 의미가 있으며, 유통업에서는 다점포 사업을 하고 있는 기업에서 '본점 또는 그 점포군을 대표하는 점포'를 기함旗艦에 비유해 이렇게 부르고 있다.

고 발표했다.

행렬은 일찌감치 7월 9일 저녁부터 만들어지기 시작했다. 원래 애플사 제품을 사용하는 사람들은 애플사의 새로운 제품이 시장에 나오면 반드시 구매하는 충성 고객들이었다. 몇 시간이라도 빨리 구매할 수 있다면 그곳으로 달려가는 것이 당연했다. 그런데 오모테산도점에서만 판매하므로 수도권에 있는 열성 고객들이 몰려들어 행렬을 이루게 된 것이다.

만약 판매를 한 점포에서만 하지 않고 여러 점포로 확산했더라면 고객들이 분산되어 텔레비전에 방송될 만큼의 이슈로 이어지지는 않았을 것이다.

또한 언론 대응 방법도 치밀했다. 판매 전날인 7월 10일 밤 손정의는 줄을 늘어선 사람들을 격려하러 현장에 갔는데, 그때 취재진에 둘러싸여 인터뷰를 하는 등 의식적으로 행동했다. 또한 7월 10일 아침에는 와이드쇼에서 실제로 조작하면서 소개할 수 있도록 각 방송국에 미리 아이폰 3G를 제공했다. 게다가 어느 한 방송국도 미리 보도하지 않도록 하는 등 정보 관리도 철저히 했다.

손정의는 줄지어 선 열성 고객들에 대한 배려도 세심하게 했다. 곳곳에 경비원을 배치하고, 화장실에 가는 사람들을 위해서는 번호표를 주어 안심하고 다녀올 수 있도록 했다. 음료수를 제공하고 쓰레기 청소를 철저히 하는 등 줄을 선 사람들이 불편을 느끼지 않도록 했다.

접수 창구의 원활한 업무 처리를 위해서도 미리 계획을 세웠다. 먼저 줄을 늘어선 사람들에게 미리 관련 자료를 나눠 줘 제품에 대해 숙지하도록 했으며, 매장 안에 접수 창구를 100개 이상 설치했다. 신청서는 신청자 본인이 아니라 직원이 직접 기록하도록 했다. 오류가 생기거나 불필요하게 시간이 많이 소요되는 것을 막기 위해서였다. 그렇지만 기념 촬영만큼은 자유롭게 할 수 있게 했다.

접수를 원활하게 할 수 있도록 함과 동시에 행렬 자체를 감동 이벤트로 승화시키기 위해 다각도로 노력했던 것이다.


## 화제가 화제를 불러일으켜 전 세계로 확산

이어서 2009년 6월 26일 오전 7시에 아이폰 3G의 업그레이드판인 아이폰 3GS 판매가 시작되었다. 이때는 6월 25일 밤 전야제를 열어 예약권을 나눠 주었다. 당연히 예약권을 갖고 있는 사람부터 구매할 수 있도록 했다. 전야제에서는 어플리케이션 소개와 가위바위보 대회 등도 열었다. 그러한 광경은 블로그와 유스트림을 통해 많은 사람들에게 생중계되었다.

2010년 5월 28일 아이패드 판매를 시작하면서도 행렬을 이룰 수 있도록 준비했다. 잘 알다시피 아이패드는 예약 판매를 원칙으로 한다. 5월 10일부터 예약을 받기 시작했는데, 5월 20일이 되자 일부 기종에서 예약분이 완전히 소진되었다. 그러자 5월 26일에는 예약을 하지 않아도 매장에서 직접 구입할 수 있다고 발표했다. 또다시 소프트뱅크 오모테산도점에 3,000여 명이 줄을 늘어섰다.

이때에도 연예인이 구매자에게 아이폰을 직접 전달하는 모습과 손정의가 아이패드에 대해 설명하는 모습 등이 텔레비전을 통해 방송되었다. 이 광경이 블로그와 유스트림 등을 통해 생중계되었음은 물론이다.

## 전설의 나스닥저팬 설립 총회

손정의는 위와 같은 기법을 최근에 와서 별안간 시도한 게 아니다. 그보다 한참 전인 1999년 10월, 제1회 나스닥저팬 설립총회가 열렸을 때도 그는 수많은 사람을 참석시키는 수완을 발휘했다.

2010년 10월 나스닥저팬은 오사카 증권거래소 산하의 벤처기업 전용 거래소인 자스닥$^{JASDAQ}$ 및 헤라클레스$^{Hercules}$ 등과 통합해 신新 자스닥으로 통합되었는데 원래는 NASD*와 소프트뱅크가 주도해 설

---

*NASD : National Association of Securities Dealers의 약자로 전미증권업협회를 의미한다. 참고로 나스닥은 National Association of Securities Dealers Automated Quotations의 약자로 미국 장외주식 거래시장을 가리킨다.

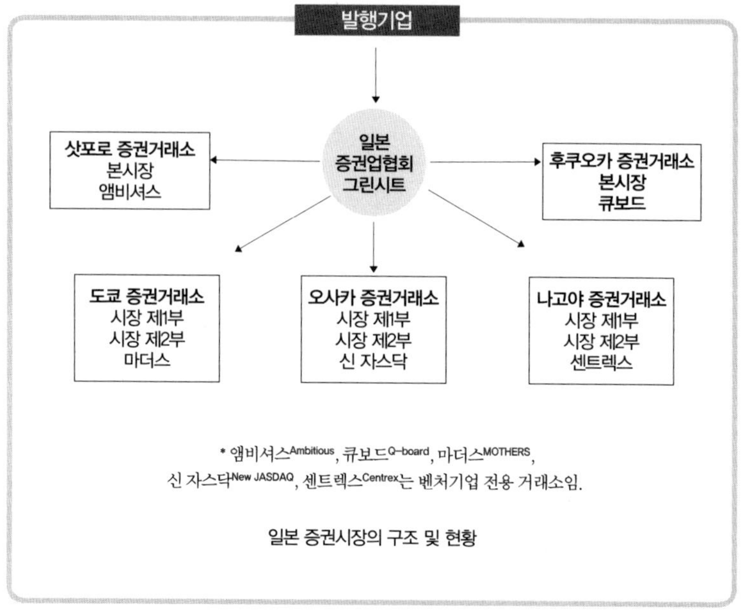



일본 증권시장의 구조 및 현황

립한 주식시장이다. 나스닥저팬은 오사카 증권거래소 산하의 첨단 벤처기업 중심 거래소로 설립되어, 2000년 6월부터 거래를 시작했다.

그러나 당시 신생 · 벤처기업 중심의 주식시장을 NASD와 소프트뱅크가 주도해 개설하는 것에 대장성과 도쿄 증권거래소, 증권회사 등은 강하게 반발했다. 그러자 손정의는 전국에 있는 벤처기업가에게 호소해 2,300명을 도쿄 아카사카프린스 호텔에 불러 모았다. 설립총회에는 NASD의 프랭크 자브(Frank G. Zarb, 1935~ ) 회장, 히구

치 히로타로(口廣太 , 1926~ ) 나스닥저팬 회장 겸 아사히맥주 명예회
장, 기타무라 교지(北村恭二, 1933~ ) 오사카 증권소 이사장, 사에키
다쓰유키(佐伯達之, 1940~ ) (주)나스닥저팬플래닝 사장 같은 유명인
이 참석했다.

총회 진행 과정은 텔레비전과 잡지를 통해 대대적으로 보도되었
다. 벤처기업가 2,000여 명이 한자리에 모여 있는 광경은 그 자체로
강렬한 인상을 주기에 충분했다.

그 결과 신생 벤처기업과 적자 상태이긴 하지만 장래성이 있다고
평가받은 기업이 주식을 공개할 수 있는 신생기업 대상의 주식시장
이 탄생했다. 손정의의 움직임에 대응하기 위해 도쿄 증권거래소는
나스닥저팬이 개설되기 7개월 전인 1999년 11월에 마더스* 시장을
개장했다. 이와 같이 신생기업을 대상으로 하는 주식시장이 개설됨
으로써 그 후 라이브도어 및 mixi(우리나라의 싸이월드에 해당) 등과
같은 기업들이 성장 · 발전하는 계기가 되었다.



*마더스Mothers : Market Of The High-Growing And Emerging Stocks의 약자로,
갓 태어난 벤처기업을 어머니처럼 따뜻하게 키워 내겠다는 뜻을 담고 있다.

＊KT와 데이터 센터 협력 : 2011년 5월 30일 손정의는 도쿄 시오도메에서 KT와 공동 기자회견을 열고 일본 기업들을 위해 한국에 대규모 인터넷데이터센터IDC를 구축한다고 밝혔다. 후쿠시마 원전 가동 중단에 따른 심각한 전력난과 또 다른 지진 피해에 대비해 일본 기업들의 데이터 서버를 안전하게 보관할 피난처를 제공하겠다는 취지였다.

양사는 2011년 9월 KT-SB데이터서비시즈(가칭)란 합작사를 설립한 뒤 한일 해저 광케이블 출발점인 경남 김해 KT연수원 부지에 서버 1만 대 정도를 보관할 수 있는 데이터센터를 구축하기로 했다. 투자 규모는 750억 원 정도로 알려졌으며 KT와 소프트뱅크가 각각 51퍼센트, 49퍼센트 지분을 갖는다. 이에 앞서 7월부터 서울 목동에 있는 KT데이터센터에 우선 이전하기로 했다. 일본 정부에서 전력 사용량을 15퍼센트 감축하는 '전력 사용 제한령'을 7월 1일부터 시행하기로 한 데 따른 조치다.

이는 정보 보안과 외교 관계 등 민감한 문제 때문에 데이터 백업 서버의 외국 이전을 꺼리는 관계를 깬 것이다. 손정의는 "지진 전에는 이 정도로 심각하게 고려하지 않았다"면서 "전력이 모자라거나 또다시 대재해가 일어나면 어떻게 할까 고민하다 원격지를 생각하게 됐다"고 밝혔다.

이번 합작 사업은 한일 통신업계의 전통적인 협력 관계도 깼다. 일본 최대 통신사로 소프트뱅크와 치열한 경쟁을 벌이는 NTT도코모는 KT 2대 주주이면서 모바일 사업 등에서 KT와 긴밀한 협력 관계를 유지해 왔기 때문이다.

손정의는 "NTT도코모가 KT의 주주이긴 하지만 데이터센터 사업을 별도로 취급하지 않고 소프트뱅크 모바일이 아닌 소프트뱅크 텔레콤과의 사업 제휴여서 문제가 없다"면서 "BCPBusiness Continuity Plan(재난 시 사업 지속성)는 국외로 가는 게 중요한 전략이라고 생각해 단기적 문제를 뛰어넘는 의사 결정을 했다"고 말했다.

만약 손정의가 나스닥저팬 설립을 추진하지 않았더라면 일본 IT업계는 지금과는 전혀 다른 양상을 띠게 되었을 것이다. 그런 의미에서 나스닥저팬과 마더스 중 어느 쪽이 남느냐 하는 논의는 손정의에게 전혀 문제가 되지 않는다.

분명히 말할 수 있는 사실은 그때 아카사카프린스 호텔에 모였던 2,300명의 벤처기업가들이 그 후 일본을 리드했다는 것이다.

# 약자·초심자야말로 과감하게 승부하라

## 작은 승부에 연연하지 마라

손정의와 소프트뱅크가 걸어온 길을 돌아보면 때로는 무모하다 싶을 정도로 진검승부에 나선 적이 많다. 그렇지만 결코 무모한 도전이 아니있다. 손정의 나름대로 계산이 있었기 때문에 승부를 걸었던 것이다.

원래 손정의는 작은 승부에는 연연하지 않았다. 거기에는 몇 가지 이유가 있다. 그중 한 가지는, 작은 승부를 거두는 것은 간단하지만 그로 인해 경쟁상대가 많아져 오히려 큰 성공을 거두기가 힘들어지기 때문이다.

소프트뱅크의 실례를 들어 설명하면 기업 규모가 너무 큰 탓에 독자들에게 쉽게 와 닿지 않을지도 모르겠다. 평범함 음식점을 예로 들어 설명하기로 하자.

음식점을 차리려는 사람이 수중에 가진 돈이 10만 달러밖에 없다고 가정하자. 그러면 사람들 왕래가 잦은 대로변에 매장을 낼 수가 없다. 인테리어같이 큰돈이 들어가는 공사도 대충할 수밖에 없다. 재료 또한 최상급을 확보할 수 없다. 심지어 아르바이트 직원도 고용하지 않고 주인이 직접 주문을 받고 테이블을 정리해야 한다. 그렇게 되면 고객들에게 만족스러운 음식과 서비스를 제공하기 힘들다.

더군다나 동일한 규모로 경쟁하는 음식점이 많을 것이다. 그렇더라도 독자적인 전략으로 수익을 창출해 사업을 확장할 수는 있을 것이다. 그러나 역시 확률적으로 보면 성공 가능성은 낮다.

## 아무도 눈여겨보지 않는 사업을 시작하라

그러나 만약 300만 달러라는 넉넉한 자금을 가지고 있다면 어떨까? 그럴 경우엔 선택할 수 있는 대안부터 달라진다. 미국에 가서 성공한 프랜차이즈 체인점을 시찰한 다음 그 가운데서 국내 사정에 맞을 만한 업종과 유사한 사업을 시작할 수도 있다. 경우에 따라서는 해당 프랜차이즈 체인점과 제휴를 할 수도 있다.

또한 국내에서 이미 성공한 체인점을 인수하는 것도 좋은 방법이다. 아예 처음부터 사람이 많이 다니는 지하철 역 앞이나 대규모 상가가 들어선 곳에 매장을 낼 수도 있다.

소프트뱅크의 설립도 그랬다. 1981년 당시 일본의 PC업계 규모는 아주 작았다. PC 출하 대수도 1980년에 고작 11만 대에 그쳤다. 모든 게 이제 막 걸음마 단계였다. PC 본체가 겨우 메이커 직판에서 대리점 판매로 전환되고 있을 때로, 소프트웨어 유통에 주력하고자 하는 회사는 적었다. 극소수 사람만 이 사업의 장래성을 놓고 저울질하는 상황이었다.

그런 가운데 소프트뱅크는 오사카에서 열린 대규모 전시회에서 대기업들과 비슷한 크기의 부스를 설치했다. 그것은 분명히 자신의 능력에 어울리지 않는 투자였다. 게다가 그 자리에서 즉시 비즈니스 성과로 이어진 것도 아니었다. 그렇지만 그때 쌓은 인맥은 소프트뱅크가 단숨에 성장하는 기폭제가 되었다.

## 미국 거대 기업들을 전격 인수하다

손정의는 미국 시장에서도 놀라운 승부수를 띄웠다. 그에 앞서 1994년 7월 소프트뱅크는 주식시장에 기업을 공개했다. 공모가 1,100엔, 조달금액 214억 엔이었다. 기업 공개를 통해 조달한 자금과 이례적인 무담보 · 무보증으로 차입한 자금을 동원해 1995년 소프트뱅크는 세계 최대의 컴퓨터 관련 전시회인 컴덱스*를 8억 달러에 인수했다. 당시 소프트뱅크의 매출액에서 보면 그야말로 능력 밖의 거액의 투자였다.



**＊컴덱스Comdex** : Computer Dealers Exposition의 줄임말이다. 1979년 처음 개최된 이래 해마다 봄철에 애틀랜타, 가을에 라스베이거스에서 열렸으나 1996년부터는 애틀랜타에서 시카고로 자리를 옮겨 춘계 컴덱스 쇼가 개최되고 있었다. 처음에는 미국에서만 열렸으나 정보산업이 발달하면서 캐나다, 멕시코를 비롯해 전 세계에서 지역별로 특화된 컴덱스 쇼가 열리고 있다.

인수를 통한 매출 이익과 현금의 원활한 흐름은 손정의에게 우선 순위가 아니었다. 그보다는 장래 미국 IT업계의 흐름을 파악하고 미국에서의 위상을 확립하려는 목적이 더 컸다.

실제로 컴덱스 인수를 계기로 소프트뱅크와 손정의의 이름이 미국 IT업계에 널리 알려졌다. 잘 알려지지 않은 일본 기업이 세계 최대의 컴퓨터 전시회를 인수했기 때문이다.

이를 발판 삼아 손정의는 미국 내에서 경영자 인맥을 급속도로 넓혔다. 당시 컴덱스에는 마이크로소프트사의 빌 게이츠(1955~ )를 비롯해 비중 있는 경영자들이 너도나도 참가했다. 잘 알다시피 빌 게이츠는 컴덱스 오너조차 아무 때나 만날 수 있는 사람이 아니다.

그리고 그 후(1995년 11월) 세계 최대의 PC 관련 출판회사인 지프 데이비스사Ziff Davis도 인수했다.

손정의는 두 회사에 대해, 지프 데이비스사를 지도, 컴덱스를 나침반에 비유한다. 이 지도와 나침반을 활용해 야후에 투자할 계기를 마련했기 때문이다. 이러한 결정이 지금의 소프트뱅크로 성장하는 데 커다란 원동력이 되었음은 두말할 나위가 없다.

## 사운을 건 브로드밴드 사업 진출

소프트뱅크의 브로드밴드 사업 진출에 대해서도 똑같이 말할 수 있다. 지금 소프트뱅크는 ADSL · 광통신 · 유선전화 · 휴대전화 등을 취급하는 종합통신회사로 우뚝 서 있다. 그러나 원래부터 통신사업에 대한 경험이 있어서 가능했던 것은 아니다. 지금은 누구나 소프트뱅크가 대단한 통신회사라고 여기지만 10년 전만 해도 지금의 소프트뱅크처럼 되리라곤 누구도 상상하지 못했다.

소프트뱅크가 통신사업을 시작하면서 가장 먼저 도전한 분야가 ADSL 사업이다. ADSL 사업은 대다수 통신회사가 '괴물처럼 난폭하고 힘이 센 아이'로 여겨 취급하기 꺼리는 사업이다. NTT기지국에서 몇 km 이상 떨어져 있으면 ADSL의 통신 속도가 현저히 느려진다. 그보다 더 멀리 떨어져 있으면 아예 통신이 되지 않는다. 통신회사 입장에서 보면 난감한 일이다. 당시 통신업계에서는 인터넷통신이라 할지라도 전국 어느 곳에서나 동일한 품질과 가격으로 제공하는 것이 상식이었다.

그 때문에 기존 통신회사들은 규제 완화 덕에 마지못해 ADSL 사업을 추진하는 분위기였다. 오직 광케이블을 취급하고자 학수고대했다. 또한 신규 진입한 통신회사들도 NTT를 지나치게 자극하지 않기 위해 좁은 범위 내에서 수만 명 단위 규모로 ADSL 사업을 펼치곤 했다.

그에 비해 소프트뱅크는 범위를 전국으로 확대해 100만 명 단위 규모의 ADSL 사업을 시작했다. 결국 소프트뱅크는 ADSL 사업에 수천억 엔을 투자해야 했다. 물론 그 같은 규모로 ADSL 사업을 시작할 수 있는 기업은 소프트뱅크 말고는 없었다.

ADSL 사업에 대한 경험과 노하우가 일천했던 만큼, ADSL 사업에 참여해 본 경험이 있는 기술자들을 핵심 멤버로 구성해 프로젝트를 시작했다. 그런 다음 ADSL 사업을 먼저 추진하고 있던 도쿄메탈릭통신, 나고야메탈릭통신, 오사카메탈릭통신의 3개 통신회사를 인수해 경험과 노하우를 흡수했다.

당시 상황을 보면 ADSL 사업의 기술적인 측면은 물론 서비스 신청부터 요금 청구까지 일련의 업무를 처리하는 운영 및 고객지원 측면, 그리고 시스템 측면에서 충분한 노하우를 축적한 기업은 없었다. 이런 이유 때문에 소프트뱅크는 사업 초기 단계에서 성공 가능성을 높일 수 있었다. 그 결과 ADSL 사업을 시작한 지 5년 만에 500만 명이라는 가입자를 보유하는 회사로 크게 성장했다. 그렇게 되자 ADSL 사업은 지속적으로 이익을 창출하고 현금 흐름을 개선시키는 캐시카우cash cow(현금을 낳는 젖소)가 되었다.

## 규모의 초대형화로 경쟁상대를 제압

이와 같은 ADSL 가입자 수 500만 명이라는 고객기반과 통신사업에 대한 노하우가 있었기에 미국의 사모펀드인 리플우드 홀딩스Ripplewood holdings 산하에 있던 일본텔레콤 인수가 가능했다(2004년 6월). 인수 자금은 4억 유로 규모의 채권 발행과 자회사 매각 등을 통해 조달했다. 이러한 자금 조달 역시 ADSL 사업이 일정한 성공을 거두었기에 가능한 일이었다. 또 통신행정을 담당하는 총무성도 외자계 사모펀드*가 통신회사를 소유하는 것보다는 500만 명에 이르는 가입자를 확보해 통신회사의 위상을 확보한 소프트뱅크가 일본텔레콤의 1대 주주가 되는 게 낫다고 판단했다. 그리하여 2004년 7월 일본텔레콤의 주식을 100퍼센트 인수해 자회사로 편입했다.

일본텔레콤을 인수한 손정의의 다음 목표는 2006년 3월 17일에 합의한 보더폰저팬의 인수였다. 이것은 일본 기업이 성사시킨 M&A 중에서도 가장 규모가 컸다.

인수에 필요한 자금은 총 1조 7,500억 엔이었다. 소프트뱅크가 2,000억 엔, 야후저팬이 1,200억 엔을 부담하고 나머지는 금융기관에서 조달했다. 그때 소프트뱅크가 조달한 자금은 단순한 금융기관 차입이 아니었다. 최종적으로 1조 4,500억 엔 되는 자금을 증권화securitization라는 기법을 이용해 도이치뱅크와 시티뱅크 등으로부터 조달했다.

이것은 금융기관이 기업의 재무적인 측면을 중시하는 게 아니라 일정한 규정에 근거해 기업경영에 적극적으로 관여하는 방식이다. 따라서 금융기관이 단순한 채권자 입장에서 벗어나 보더폰저팬이 창출하는 미래의 수익 배분에 참여하는 구조였다. 단적으로 말하면 금융기관이 보더폰저팬의 자산과 장래성을 인정해 주식을 담보로 취하는 대신 보더폰의 경영을 일정한 조건하에 손정의에게 위임하는 방식이었다.

이러한 관계가 성립될 수 있었던 것은 역시 소프트뱅크가 ADSL



*사모펀드(PET, Private Equity Fund) : 주식 또는 지분을 매수한 다음, 경영권 참여, 사업구조 및 지배구조 개선 등의 방법으로 기업 가치를 높여 그 수익을 투자자들에게 배분하는 것을 목적으로 하는 펀드. 펀드 중에서도 가장 대표적인 유형으로 투자자를 30명 미만으로 제한한다. 경영 참여 목적으로 특정 기업의 지분을 인수한다는 점에서 자산운용에 초점이 맞춰진 헤지펀드(전문사모펀드)와 구분된다.

사업과 유선전화 사업에서 일정한 성과를 올렸기 때문이다. 2006년 당시 소프트뱅크그룹의 연결매출액은 1조 엔, 회선 수는 개인과 법인을 합쳐 약 1,000만 개, ADSL 가입자 수는 500만 명 이상이었다. 이와 같은 ADSL 사업·유선전화 사업 관련 실적이 없었더라면 금융기관도 1조 4,500억 엔이나 되는 자금을 제공하지 않았을 것이다.

이 정도 대규모로 사업을 추진할 수 있는 경쟁상대는 없었다. 게다가 휴대전화 사업은 면허를 취득해야 한다는 조건이 있다. 이는 시장 진입이 제한적이라는 뜻이므로 소프트뱅크가 경쟁에서도 유리할 수밖에 없었다.


## 단계적인 사업 전개란?

앞서 보았듯이 손정의의 사업 전개는 몇 단계로 나뉜다. 첫 단계는 별로 매력적이지 않아 경쟁상대가 적은 시장에 진입하는 것이다. 손정의는 그 단계에서 이루어지는 지나칠 정도로 과도한 지출을 그 후 계속되는 사업에 필요한 투자라고 여긴다. 결코 지나치지 않다는 것이다. 또한 이것은 처음부터 압도적인 힘을 과시함으로써 시장을 석권하겠다는 그만의 전략이다.

그러나 손정의는 그다음 단계에 오면 침묵으로 일관한다. 손정의에게 그다음 단계는 불확실성이 클 뿐만 아니라 실행하기로 결정된

것이 많지 않기 때문이다. 또한 경쟁사에 정보가 흘러 들어가지 않
도록 하겠다는 숨은 뜻도 있다.

그 때문에 손정의의 투자는 언론 등으로부터 이해를 얻기는커녕
오히려 지나친 출혈이라는 비난을 받기 일쑤다.

그러나 시간이 지나면 손정의가 투자한 데는 반드시 이유가 있었
음을 알게 된다. 그렇지만 어느 시점이 되기 전에는 그 이유를 손정
의를 제외하고는 아무도 모른다.

# 손정의의 물러서지 않는 커뮤니케이션

## 기업의 운명을 좌우하는 최고경영자의 커뮤니케이션

소프트뱅크의 30년 역사를 되돌아보면 그야말로 위기의 연속이었다고 할 수 있다. 항상 능력 이상의 과도한 투자를 함으로써 세간의 관심을 모았고, 위기에 빠졌다가 간신히 위기를 모면하곤 했다.

이런 상황에서는 최고경영자가 언론과 주주를 상대로 어떤 식으로 커뮤니케이션을 하느냐가 관건으로 작용한다. 최고경영자가 커뮤니케이션을 조금만 잘못하면 그 시점에서 기업이 존속하지 못하게 될 수도 있기 때문이다.

일본에서 1만 명을 훨씬 웃도는(1만 4,780명) 집단식중독사건을 일으켰던 유키지루시유업雪印乳業의 최고경영자 이시카와 데쓰로(石川哲, 1933~ )의 사례를 예로 들 수 있다. 그는 기자회견장(2000년 7월 4

일)에서 빗발치는 질문 공세에 신경질적으로 반응하다 "나도 잠을 자지 못했다"라고 외치고는 자리를 박차고 나가 엘리베이터를 탔다. 이 모습은 텔레비전을 통해 보도되었다.

최고경영자의 그런 행동으로 인해 회사는 기업 이미지에 결정타를 입었다. 여론을 통해 기업의 존재가치를 호소하거나 기업의 존속 이유에 대해 이해를 구하지도 못했다. 그 후 2002년 자회사인 유키지루시식품이 수입쇠고기를 국산으로 속여서 판매한 사실이 적발되어 이 회사는 사회적으로 완전히 매장당하고 말았다.

이에 비해 손정의는 위기가 닥치면 절대 물러서지 않는 커뮤니케이션으로 정면 돌파했다. 또한 다양한 개선책과 대응방안을 도출하고자 하는 진지한 자세로 임했다.

이것을 실현하기 위한 리더십은 조직의 최고경영자만이 발휘할 수 있다. 만약 이와 같은 리더십을 손정의가 아닌 간부급 사원이 발휘한다 해도 그 어느 누구도 신뢰하지 않을 것이다. 최고 경영자인 손정의가 전면에 나서는 것이 중요하다. 그리하여 손정의는 지금까지 여러 차례 위기를 극복해 소프트뱅크의 성장·발전을 견인해 왔다.

이러한 위기 극복 사례를 몇 가지 살펴보기로 한다.

## 썩은 사과는 반품한다

소프트뱅크는 2000년 오릭스 · 도쿄해상화재보험 등과 함께 일본채권신용은행(현 아오조라은행)을 인수했다. 3년 후 소프트뱅크는 보유지분을 매각하고 최종적으로 철수했는데, 당시 소프트뱅크의 일본채권신용은행 인수가 국가적인 관심사로 떠올랐다. 최대 이슈는 2000년 6월 23일에 체결한 계약서에 담긴 풋백옵션put back option(하자담보조항)이었다.

일본채권신용은행이 보유하고 있는 채권을 양도받은 후 3년 이내에 정상채권에 부실이 발생해 장부가보다 20퍼센트 이상 가격이 하락하면 예금보험기구*가 전액 매수한다는 내용이었다. 채권을 양도받은 소프트뱅크 입장에서 보면 채권 상태를 일일이 조사할 수 없는 은행을 인수하는 것이므로 그와 같은 단서조항이 필요했다.

그러나 이 풋백옵션을 놓고 많은 논란이 일었다. 심지어 일본채권신용은행보다 먼저 동일한 과정을 거쳤던 일본장기신용은행(현 신세이은행) 인수에서도 미국계 사모펀드인 리플우드*에 같은 풋백옵션이 적용되어 비난이 쏟아졌다. 즉, "벌처펀드vulture fund에 돈을 던져 주는 것과 같다" "차라리 채권을 회수하는 게 낫다"라는 것이었다.

---

*예금보험기구 : 우리나라의 예금보험공사에 해당.

이러한 비난의 목소리가 고조되자 정치인들조차 문제로 인식해 국회에서까지 논의하기에 이르렀다. 그러자 손정의는 8월 1일에 완료될 예정인 주식양도를 1개월 연기하겠다고 발표했다.



*리플우드 : 1999년 10월 일본 장기신용은행이 도산하자, 리플우드를 중심으로 하는 외국계 자본이 이 은행을 인수한 후 은행명을 신세이은행으로 바꿔 2000년 6월 출범시켰다. 리플우드는 은행 인수 후 4년 만에 투자금액의 6배에 달하는 수익을 올렸다. 반면 일본 정부는 장기신용은행을 도산 처리하기 위해 7조 8,000억 엔을 투입했다. 결국 외국계 펀드가 도산한 은행에 투자해 거액을 벌어들인 반면, 국민의 혈세인 공적자금 손실이 발생해 일본 금융계에서 "정부가 외국계 펀드에 떼돈을 벌어 줬다"라는 국부유출론을 제기했다.

이는 풋백옵션에 대해 세간의 이해를 얻지 못한 상태에서 주식을 양도받아 막상 권리를 행사하면 비난을 받거나, 반대로 권리를 제대로 행사하지 못하게 되는 사태를 방지하고자 한 조치였다.

그리고 주식양도를 연기한 후, 손정의는 텔레비전 등을 통해 적극적으로 설명하기 시작했다. 풋백옵션에 대해 명확하게 설명해 이해를 구하자는 것이었다. 그래서 사과상자에 비유해 다음과 같은 논리를 전개했다.

"소프트뱅크는 사과를 낱개로 사지 않고 박스째로 삽니다. 비록 상자 안은 보이지 않지만 사과가 모두 싱싱하다는 전제를 깔고 있습니다. 그러나 만약 사과가 상했으면 반품 조치할 것이고, 반품 기간은 3년 이내로 하겠습니다. 그 이후가 되면 저희가 손실을 부담하는데, 그때 가격이 20퍼센트 미만으로 감소한 사과는 스스로 손실 처리하겠습니다. 그러나 만약 20퍼센트 이상 감소하면 반드시 반품하겠습니다. 이는 당연한 이치입니다."

이와 같은 설명을 하는 동시에 손정의는 수백억 엔에 달하는 위약금을 지불하는 한이 있더라도 최종계약서에 사인한 일본채권신용은행 인수전을 파기하는 것까지 심각하게 검토했다. 그 정도 각오를 한 상태에서 다방면에 걸쳐 설득한 결과 풋백옵션에 대한 이해를 구할 수 있었다. 그 결과 당초 예정보다 한 달 늦은 2000년 9월 1일 주식양도가 이루어져 최종적으로 마무리되었다.

만약 그때 풋백옵션에 대해 분명히 설명하지 않았더라면 그 후 소프트뱅크에 커다란 부담으로 작용했을 것이다.


## IT버블 붕괴와 주주총회

2000년 발발한 IT버블 붕괴는 소프트뱅크의 주가에도 엄청난 악영향을 미쳤다. 한때 NTT도코모에 이어 20조 엔을 웃도는 소프트뱅크의 시가총액도 수직 하락해 2,600억 엔으로 100분의 1가량 급감했다. 그 후에도 브로드밴드 사업을 추진한 탓에 적자가 이어져 주가는 전혀 회복될 조짐을 보이지 않았다.

당시 손정의는 주주총회에서 정중하게 사업진행 상황을 설명하면서 주주들을 설득했다. 손정의는 주주총회에서 자신이 직접 답변하는 것을 기본 원칙으로 삼았다. 대다수 상장회사가 주총에서 "그 질문에 대해선 담당 이사가 답변하겠습니다"라고 발언하는 것과는 전혀 달랐다. 물론 실무진이 예상 질문에 대한 답변을 미리 작성하지만, 그래도 손정의 자신이 숙지한 다음 책임 있게 답변했다. 그는 주주들의 질문에 진지하게 답변하는 것을 자신의 진정한 책무라고 생각했다.

주주들의 질문에 대해서도 시간을 이유로 중단한 적이 없다. 한 사람 한 사람의 발언을 진지하게 경청했다. 다른 기업이라면 일정 시간이 되면 "이제 두세 분만 질문을 받고 끝내겠습니다"라고 한다. 주총이 길어지면 경영을 제대로 하지 못한 것으로 여겨지므로 기업 이미지에 손상이 간다고 생각하기 때문이다.

그러나 손정의의 생각은 달랐다. 주주들이 소프트뱅크에 관심을 가지고 주주총회에 참석한 만큼 주주들과 충분히 대화하는 것이 장기적으로도 회사에 좋은 효과를 가져올 거라고 확신했다.

2000년 IT버블이 붕괴한 후 주주총회가 열렸는데, 그때 수많은 질문이 쏟아졌고 그 질문에 친절하게 답변한 결과 주총이 무려 6시간 동안 진행되었다. 주주들은 손정의가 6시간 동안 계속 선 채로 진지하게 답변하는 모습에 매우 긍정적인 반응을 보였다. 어떤 노부부는

“주가가 100분의 1로 급락해 매우 화가 났는데, 그래도 손 대표가 직접 이야기를 해줘서 너무 좋았다”라고 말할 정도였다.

이 같은 위기상황일수록 최고경영자가 직접 전면에 나서서 설명하는 자세가 중요하다. 주가가 대폭락했는데도 제대로 설명조차 하지 않고 그럴듯하게 모양세만 갖추기에 급급하면 주주들의 분노가 폭발해 오히려 주가가 더 하락하는 총체적인 악순환에 빠질 수 있다.

현재 소프트뱅크의 시가총액은 3조 엔도 되지 않는다. 한때 최고점을 기록했던 20조 엔을 회복하려면 아직도 까마득하다. 다시 말해, 소프트뱅크의 주가가 20조 엔에 도달했을 때 주식을 매입해 지금까지도 보유하고 있는 주주가 있다면 주식을 매입한 그 주주에게는 전혀 은혜를 갚지 못한 셈이 된다. 이러한 점을 의식해 손정의는 향후 30년 안에 시가총액 200조 엔을 달성하겠다는 ‘소프트뱅크 신 30년 비전’을 달성하기 위해 날마다 업무에 박차를 가하고 있다.

## 개인정보 유출에 단호하게 대응

2004년 2월 27일 소프트뱅크가 가지고 있는 개인정보 약 425만 건이 유출되었다. 손정의 자신이 기자회견을 통해 밝힌 내용이다. 그에 앞서 2월 24일에는 야후BB의 고객정보를 빼내 협박을 한 용의자가 체포되었다. 용의자가 체포된 후 유출된 데이터와 소프트뱅크에 저장되어 있던 개인정보를 대조한 결과였다.

그 사건에 대해 손정의는 조금도 흔들리지 않고 단호하게 대응했다. 협박을 받게 된 시점에서 이미 경찰에 통보했던 것이다.

당시는 야후BB의 사업이 초기의 혼란 상태에서 벗어나 차츰 안정기에 접어드는 시기였다. 이때 다시 개인정보 유출이라는 악재가 확산되면 치명적인 악영향으로 작용할 터였다.

그러나 손정의의 기자회견 내용에는 협박에 굴복해 회사를 보호하겠다는 의사가 전혀 담겨 있지 않았다. 경찰에 신고한 후에는 범인 체포에 협력했으며, 그 후 손정의 자신은 기자회견을 통해 직접이 사실을 발표했던 것이다.

당시 사내에서는 손정의가 전면에 나서지 않는 게 낫다는 의견이 제기되었다. 그러나 손정의는 그와 같은 의견을 뿌리치고 전면전을 불사했다.

사건에 대해 설명하는 과정에서 당시 소프트뱅크의 보안시스템에도 많은 문제가 있었다는 사실이 드러났다. 그러나 그에 대한 대책을 차례로 발표하면서 사태는 조금씩 진정되어 갔다.

손정의 자신이 나서서 직접 점검한 결과, 고객정보를 취급하는 부서는 정규직 사원 중심으로 구성할 필요가 있었다. 이에 따라 3,000명을 신규 채용한다는 대담한 정책을 단행했다. 나아가 보안출입문

security gate 등 고도의 보안기능을 지닌 센터 등 세계 최첨단의 개인

정보 보호체제를 구축했다.

# 제3장

# 상식을 깨는 손정의식 업무기법

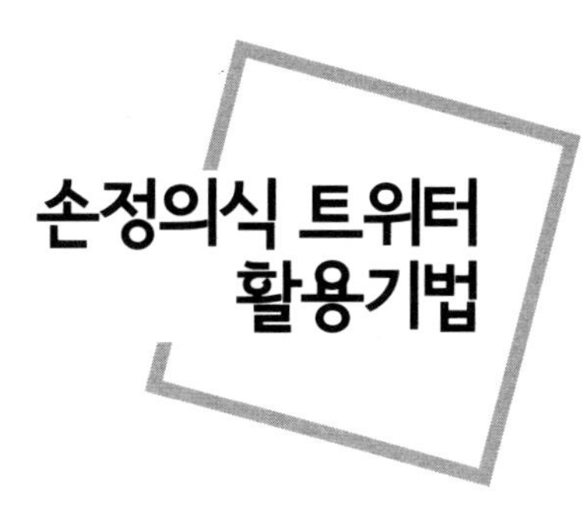


## 트위터로 대기업병을 치유

손정의만큼 트위터를 효율적으로 활용하는 경영자도 드물 것이다. 트위터는 인터넷상에서 이루어지는 새로운 커뮤니케이션 서비스로 미국에서 처음 시작되었다. PC뿐만 아니라 아이폰과 아이패드로도 이용할 수 있다. 간단한 조작을 통해 140자 이내의 문자메시지를 입력할 수 있다. 2006년 미국의 잭 도시(Jack Dorsey, 1976~ ), 에번 윌리엄스(Evan Williams, 1972~ ), 비즈 스톤(Biz Stone, 1974~ ) 등이 공동으로 개발한 '마이크로 블로그' 또는 '미니 블로그'로 샌프란시스코의 벤처기업인 오비어스사Obvious가 처음 개설했다. 블로그보다도 간편하고 커뮤니케이션 효율성이 높기 때문에 현재 급속히 확산되고 있는 추세다.

스마트폰 등과 같은 모바일 기기의 빠른 보급에 힘입어 2011년 3월에는 전 세계적으로 이용자 수가 2억 명을 넘어섰다. 참고로 '중얼거리는' 것(트위터 이용자가 쓰는 140자 이내의 단문메시지)은 트위트 tweet라고 하며, 그 사람이 '중얼거리는' 것을 읽기 위해 등록하는 것은 팔로우 follow라고 한다. 독자에 해당하는 사람은 팔로어 follower(특정인의 메시지를 구독하는 사람)라 부른다.

## 손정의의 트위터 활용은 세계적으로도 수준급

2009년 11월 트위터를 시작한 손정의는 그동안 4,200건 이상 되는 글을 올렸고, 그의 트위터를 팔로우하고 있는 사람은 2011년 6월 현재 약 120만 명에 이른다. 120만 명이나 되는 엄청난 사람들이 24시간 내내 손정의의 메시지를 읽고 있는 셈이다. 이 수치는 일본의 유력 주간지의 발행부수를 2배 이상 뛰어넘는 것이다. 또한 접촉 빈도를 감안하면 주간지의 영향력을 훨씬 웃돈다. 손정의는 현재 '트위터 영웅'으로 통한다.

약 1년 전 트위터 팔로어 순위에서 1위(67만 명)를 차지했던 하토야마 유키오(鳩山由紀夫, 1947~ ) 전 총리는 63만 명으로 6위에 올라 있다. 손정의 외에 100위 안에 진입해 있는 경영자는 IT벤처기업의 경영자 등 몇 명밖에 되지 않는다. 나머지는 거의 다 정치인, 예술인, 연예인들이다.

트위터의 본산인 미국 역시 상위 순위는 오바마 대통령을 비롯한 정치인과 연예인들이 차지하고 있다. 이렇게 볼 때 다시 말해 손정의는 트위터를 잘 활용하는 보기 드문 최고경영자라고 할 수 있다.

손정의는 트위터를 다양한 용도로 활용하고 있다. 자신이 주장하는 광케이블 시책에 대한 서명운동도 트위터를 통해 시행했다. 트위터는 많은 사람의 메시지를 실시간으로 전달하는 기능이 있기 때문에 서명을 구할 때 대단히 효과적이다. 그리하여 2010년 9월 29일 소프트뱅크는 서명 3만 4,000건을 받아 하토야마 총리에게 제출했다.

또한 손정의는 자신이 주장하는 디지털교과서*에 반대하는 사람들에게도 대화를 요청했다. 대화 모습은 동영상을 통해 실시간으로 중계해 누구나 볼 수 있도록 했다. 그리고 어느 쪽 주장이 맞느냐는 보는 사람의 판단에 맡기도록 했다.

그러나 손정의가 바라는 것은 자신의 주장을 관철시키는 데 있지 않았다. 손정의 자신이 트위터를 통해 말한 것처럼 인터넷상에서 이뤄지는 공개적인 논의를 통해 건전한 결론을 도출할 수 있기를 바란 것이다.

---

*디지털 교과서Digital Textbook : 기존 서책용 교과서 내용은 물론 참고서, 문제집, 학습사전 등 학습자료를 갖추고 있는 휴대용 단말기를 교과서로 이용하는 것.

## 최고경영자가 트위터 사용을 꺼리는 이유

트위터를 효율적으로 사용하고 있는 최고경영자는 미국, 일본을 통틀어 세계적으로 매우 극소수다. 그럴 수밖에 없는 이유가 있다. 트위터는 파급효과가 너무 커서 최고경영자에게 약도 되지만 잘못하면 죽음에 이르는 극약이 될 수 있기 때문이다.

트위터에서는 일단 발언하면 번복할 수 없다. 그리고 트위터는 원칙상 인터넷에 올리면 누구나 볼 수 있다. 일단 입력하면 취소하거나 수정할 수 없다. 나중에 가서 "설명이 부족해 의도가 제대로 전달되지 않았다"라든지 "전체적으로 보면 그런 취지로 발언한 게 아니다" 등과 같은 해명은 다른 언론매체라면 몰라도 트위터에서는 통용되지 않는다.

상장기업이라면 트위터의 멘션 한 번으로도 주가가 요동을 친다. 경우에 따라서는 확실하지 않은 내용, 아직 확정되지 않은 내용을 사실인 양 정보 공개하면 주주들로부터 소송을 제기당하거나 허위사실 유포죄로 처벌받을 수도 있다. 그렇기 때문에 조금이라도 불분명한 사실을 발언할 경우에는 신중을 기해야 한다. 불투명한 미래의 어떤 계획에 대해 발언했다 해도 받아들이는 사람은 그것은 이미 기업에서 결정한 것으로 인식하기 때문이다. 그렇기 때문에 즉시 실행에 옮겨야 하는 사태가 발생한다.

트위터는 최고경영자 본인이 스스로 키보드를 두들겨 중얼거리는, 즉 문자로 남기는 메시지이므로 번복할 방법이 없다. 일본이 그러한데 소송사회인 미국에서는 그 이상으로 리스크가 발생할 것이다. 기업 또는 최고경영자의 경우 엄청난 배상금 지급을 요구하는 재판에 휘말릴 가능성이 있다.

또한 최고경영자의 발언은 사내에도 커다란 영향을 미친다. 무엇보다 일단 최고경영자가 대외적으로 발언한 내용은 반드시 실행해야 하기 때문이다. 만약 불가능하다고 판단했어도 대외적으로 "검토 결과 최고경영자가 트위터에서 개인적으로 발언한 내용은 회사 차원에서 보면 가능하지 않습니다"라고 발표하지는 못한다. 그때문에 트위터를 하는 경영자는 회사가 어떻게 돌아가고 있는지 속속들이 파악해야 한다. 직원들 입장에서도 최고경영자의 발언을 실행에 옮겨야 하므로 예삿일이 아니다. 대외적으로 발표하기 앞서 회사 차원에서 이미 협의를 끝냈다고 보는 것이 보통의 상식이기 때문이다.

예술인이나 연예인에게는 최고경영자만큼 정확하고 엄격한 발언이 요구되지 않는다. 트위터에서 대화한 내용은 '적어도 그 시점에서는 그렇게 하고 싶었지만 상황이 변했기 때문에 그렇게 하지 못했다'로 해석할 수 있다. 이런 이유 때문에 트위터 이용자 중에는 예술인이나 연예인이 많다.

孫正義

@masason
孫正義です。Twitterで多くの皆さんと時空を超えて、心の繋がりが広がっていく事に感動しています。初めてInternetに出会った時以来の感動です。世界が平和でより多くの人々が、幸福になれる事を心から願っています。
http://www.softbank.co.jp/

@masason
손정의입니다. 트위터에서 많은 분들이 시간과 공간을 초월해 적극 동참해 주신 것에 대해 감사드립니다. 인터넷에서 처음 만났던 이후 느끼는 감동입니다. 세계가 평화롭고 더욱 많은 사람들이 행복해지기를 진심으로 기원합니다.
http://www.softbank.co.jp/

## 트위터 사용방식의 유형

일반적으로 최고경영자가 트위터를 사용하는 방식에는 네 가지 유형이 있다.

첫 번째 유형은 IT기업의 젊은 경영자와 컨설턴트가 자기들끼리만 대화를 나누는 형태다. 이것은 원래부터 알고 있는 사람들 사이에서만 주고받는 '그들만의 대화'다. 이들은 '미국의 ○○은 기술이 뛰어나다' '정보통신부의 새로운 규제에 어떻게 대응해야 하는가?' 와 같은 상당히 전문적이면서도 새로운 정보를 교환하기 위해 사용한다.

트위터는 미국에서 IT에 정통한 전문가들이 가장 먼저 사용했기 때문에 초기 사용자들은 대부분 이런 방식을 취했다. 때문에 자신의 발언에 가치가 있다고 생각하는 경영자와 전문가 등 한정된 사람들

은 스스로 중얼거리는 것이 아무렇지도 않다고 여기지만, 일반인들
은 아무래도 주눅이 들 수밖에 없다.

그렇지만 손정의는 트위터를 이런 방식으로 사용한 적이 없다. 실
은 손정의도 유명인사를 팔로우하고 있지만, 그렇다고 해서 유명인
사와 대화를 주고받은 적은 전혀 없다. 대부분 인터넷을 이용하는
평범한 사람들과 대화를 나눈다.


## 가까이 다가서는 대화를 하라

두 번째 유형은 자신이 하고 싶은 말을 일방적으로 '중얼거리는'
방식이다. 예를 들면 '오늘은 점심을 먹지 않고 회의를 하겠습니다'
'지하철에서 와이파이*로 인터넷을 할 수 있어 편리하다' '12월 15일
부터 소셜커머스social commerce(SNS를 통해 이루어지는 전자상거래)를
시작합니다' 등이다. 그야말로 평소 혼자서 중얼거리는 독백 내지
직장에서 하는 잡담과 같은 느낌을 주는 글이다. 대답을 하는 사람
이 있기도 하지만 아무도 대답을 하지 않는 경우도 있다. 손정의도
이와 같은 방식으로 중얼거리는 경우가 많다.

---

*와이파이Wi-Fi : Wireless Fidelity의 약자로 무선접속장치가 설치된 곳에서 전파나 적외선
전송 방식을 이용하여 일정 거리 안에서 무선인터넷을 할 수 있는 근거리 통신망을 칭하는
기술.

때로는 손정의 자신이 좋아하는 사극 방영 시간이 되면, '가슴이 두근거린다! 30분 후면 시작한다!'와 같이 입력한다. 이렇게 중얼거리면 다른 사람들도 같은 느낌을 전달받는다. 카리스마형 경영자라기보다는 단순한 사극 팬이 중얼거리는 혼잣말처럼 들린다.

트위터에서 이 같은 대화는 딱딱한 느낌을 없애 준다. 특히 첫 번째 유형인 IT기업의 경영자와 컨설턴트가 자기들끼리만 주고받는 대화와는 아주 다르다. 그 때문에 누구나 참여할 수 있다는 개방된 느낌을 준다.

또한 손정의는 트위터에서 '최고경영자로서 실언을 많이 한다'라는 의견이 올라오면 '아이고, 큰 죄를 지었습니다'라고 답하기도 한다. 그러면 누구나 쓴웃음을 지을 수밖에 없으며, 동시에 손정의가 가까운 존재처럼 느껴지게 된다.

이와 같은 손정의의 중얼거림은 마치 회의나 교육연수에서 행해지는 아이스 브레이킹Ice Breaking 기법과 유사하다. 아이스 브레이킹이란 회의나 교육연수 참가자들이 마치 얼음처럼 굳어 있을 때, 가벼운 농담을 통해 긴장을 풀고 분위기를 부드럽게 하는 것을 말한다.

또한 격언 투로 중얼거리는 경우도 많다. 예를 들면 '지혜는 짜면 짤수록 나오게 된다' '결국 자신의 한계는 자신이 만든다, 더욱 노력해야 한다' '촛불은 마음을 풍요롭게 하고 전기는 생활을 풍요롭게 한다. 촛불이 주는 마음의 풍요로움을 누리기 위해 전기를 적극적으로 받아들이지 않으면 문명에 뒤처진다' 등이다.

이런 말 한마디 한마디에 손정의가 역경에서 일어나 오늘에 이른 경험과 생각이 집약되어 있다. 이런 메시지를 읽음으로써 팔로어들은 소프트뱅크를 중심으로 전개되고 있는 사업의 배후에 손정의의 큰 뜻과 사상이 녹아들어 있음을 느끼고 이해하게 된다.


## '합시다' 한마디로 모든 것을 움직인다

세 번째 유형은 최고경영자가 고객과 직접 대화하는 경우다. 손정의 역시 이 방법을 적극 활용하고 있다.

그러나 최고경영자가 그렇게 하기란 상당히 어렵다. 손정의처럼 트위터를 하는 IT기업의 최고경영자 중에는 고객이 무언가를 요구하면 홈페이지를 통해 담당부서에 의뢰하도록 유도하는 사람도 있다.

그에 비해 손정의는 고객의 목소리를 직접 들으면 기업이 더욱 나은 방향으로 개선될 수 있다고 확신하고 있다. 소프트뱅크 홈페이지에는 '합시다 진척상황'이라는 코너가 있다. 이 코너에서는 손정의가 트위터에서 만난 고객들과 대화를 나누던 중 고객들이 개선사항이나 희망사항을 요구하면 '합시다' '검토하겠습니다'로 분류해 그것에 대한 진척상황을 보고하고 있다.

2011년 5월 현재 약 130건이 올라와 있으며, 하나하나에 날짜와 번호가 입력되어 있다. '합시다' '검토하겠습니다' 가운데 개선을 했거나 매듭을 지은 건은 '처리했습니다'라는 코너로 넘어가도록 되어 있다. 또한 '처리했습니다'의 총 건수는 자동으로 계산되어 몇 건 달성했는지를 즉시 알 수 있다. 이곳에서는 손정의가 트위터에서 말한 것에 대한 진척상황을 한눈에 볼 수 있다.

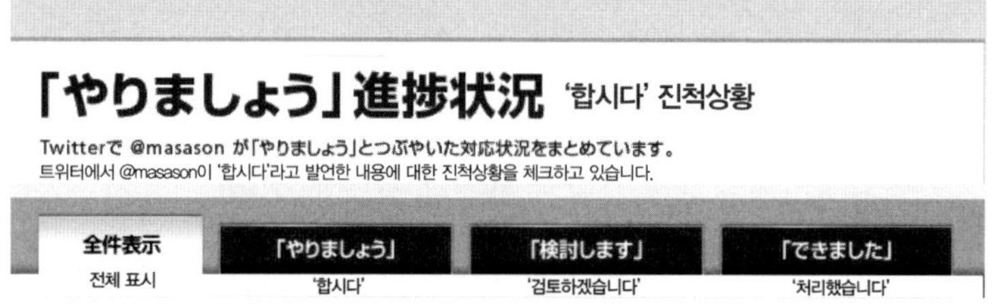


'처리했습니다' 항목에는 다음과 같은 것이 있다.

휴대전화는 스팸메일 수신을 차단하기 위해 수신거부를 할 수 있다. 그런데 "스팸메일 등을 수신거부 목록에 등록할 수 있는 개수가 최대 20개밖에 되지 않아 너무 적다"라고 불만을 토로하는 고객에게 손정의는 다음과 같이 답변했다.

"합시다. 그리고 스팸메일 데이터베이스를 별도로 관리하는 스팸메일 폴더를 만들겠습니다."

이러한 요청이 있고 나서 답변하기까지는 시간이 얼마 걸리지 않았다. 등록 건수가 조금 늘어나 메모리를 차지해도 문제가 없음을 그가 알고 있었기 때문이다. 이 정도는 회사 차원에서 검토할 사안도 아니었다.

또한 소프트뱅크는 2010년 5월 17일 스타벅스와 선술집 프랜차이즈 등 60개 프랜차이즈 회사의 매장 안에서 고속통신을 할 수 있는 공중무선LAN서비스인 '소프트뱅크 Wi-Fi 스팟'을 이용할 수 있다고 발표했다. 그러자 다음 날 한 고객이 "패밀리 레스토랑에서도 와이파이를 사용할 수 있게 해주십시오!"라는 요청을 했는데, 즉시 "합시다. 가능한 부분부터"라고 답변했다. 답변이 신속해 트위터 등에서 화제가 됐을 뿐만 아니라 인터넷 뉴스 사이트를 통해서도 보도될 정도였다.

손정의는 전국적으로 체인화되어 있는 음식점을 대상으로 자사의 와이파이 서비스를 제공하겠다는 전략을 추진하고 있었다. 그런 와중에 마침 최우선적으로 협상을 했던 스타벅스와 이미 거래가 있었던 선술집 체인부터 서비스를 제공한다고 발표했던 것이다.

당연히 패밀리 레스토랑 측과도 협상하고 있었다. 그러나 특히 지방의 간선도로변에 있는 패밀리 레스토랑의 경우 무선LAN서비스를 이용하려면 광케이블이나 ADSL회선이 설치되어 있어야 하는데, 그렇지 않기 때문에 충분한 속도가 나오지 않았다. 그 때문에 모든 매장에서 동일한 서비스를 제공한다는 패밀리 레스토랑 측의 원칙과 맞지 않아 협상이 진전되지 않았던 것이다.

이러한 사정을 손정의 자신이 잘 알고 있었기 때문에 신속하게 "합시다. 가능한 부분부터"라고 답변했던 것이다. 그 후 2011년 4월 1,000개 이상 되는 패밀리 레스토랑 안에서도 Wi-Fi 스팟을 이용할 수 있도록 조치했다.


## 궁극적인 트위터 활용방식

네 번째 유형은 사용하기 가장 어려운 방식이다. 최고경영자가 숙지해야 하는 궁극적인 활용방식이라고도 할 수 있다. 이는 트위터로 직원들에게 지시를 내리고 직원들도 트위터로 답변하는 형태다. 일반 기업에서 실천하기 상당히 어려운 방식이나. 소프트뱅크라 가능하다고 할 수 있다.

2011년 5월 말 현재 소프트뱅크 홈페이지의 '합시다 진척상황'이라는 전용 코너에 '처리했습니다'로 118건이 등록되어 있는데, 그 가운데 '후지 록페스티벌Fuji Rock Festival 공연장에 휴대전화 기지국 증설'이라는 건이 있다.

후지 록페스티벌은 매년 7월 말 또는 8월 초 일본 중북부 니가타현新潟県에 있는 나에바苗場 스키장에서 열리는 일본 최대의 음악행사

다. 전야제를 포함해 4일 동안 약 200명의 가수가 참가하며 관객 수
만 12만여 명에 이른다. 공연장 내에는 캠핑 공간이 마련되어 있어
텐트에서 지내는 사람도 많다. 약 8,000개의 텐트가 빽빽이 들어서
며 1만 8,000명이 이를 이용한다.

이처럼 대형 이벤트인 탓에 밤 11시가 지나서야 공연이 끝나기도
한다. 일반적인 콘서트와는 달리 야외에서 수많은 가수가 다채로운
공연을 동시에 펼치기 때문에 가수들의 공연 스케줄이 꼬이는 경우
도 있다. 공연장소가 스키장이라 걸어서 이동해야 하며, 만약 비라
도 내리면 포장도로가 아닌 탓에 진창에 빠져 곤욕을 치르는 일도
있다.


## 트위터 영웅의 진면목

록페스티벌을 관람하는 소프트뱅크 모바일 이용자들로부터 공연
장에서 휴대전화가 잘 연결되지 않는다는 내용이 트위터에 올라왔
다. 그에 대해 손정의는 "공연이 언제 시작됩니까?"라고 물어보고
나서 곧바로 검토하기 시작했다.

록페스티벌이 개최되는 나에바 스키장에서는 어느 이동통신사의
휴대전화도 원활하게 연결되지 않았다. 그 때문에 모든 이동통신사
에 연결이 되지 않으니 대책을 마련해 달라는 요청이 쇄도했다. 그

러나 록페스티벌이 4일 동안만 진행되기 때문에 전파가 수신되지 않는다는 고객들의 빗발치는 요청에도 좀처럼 대응하지 않았었다.

그러나 고객 한 사람 한 사람 입장에서 보면 1년 중에서도 휴대전화의 고마움을 가장 절실하게 느낄 수 있는 순간이다. 바로 이것을 알아채고 현장의 목소리를 수렴했다는 것이 손정의가 다른 사람과 다른 점이다.

2010년 3월 14일 손정의가 메시지를 입력했다. 그에 대해 3월 26일 소프트뱅크의 담당자는 "오늘까지 대책을 마련하겠습니다. 용량도 늘리겠습니다"라며 최초로 진행상황을 알렸다. 그리고 7월 13일에는 "순조롭게 진전되고 있습니다. 용량도 최대 100배가량 높였고 이동기지국도 배치했습니다. 그렇지만 모든 사람이 한꺼번에 사용하면 연결되지 않을 수도 있습니다"라고 알려 주었다.

그 후 손정의 자신도 7월 20일 "공연장의 전파용량을 100배 높일 예정입니다. 그렇지만 다른 분들을 위해 장시간 사용하지 않기를 부탁드립니다"라고 입력했다. 그리고 마지막으로 8월 1일 타사보다 연결 상태가 좋다는 고객들의 목소리에 손정의는 "처리했습니다. 회선용량 100배 증강, 임무를 완료했습니다"라고 일종의 승리 선언 비슷한 메시지를 남겼다.

트위터 영웅 손정의의 진면목은 여기서 멈추지 않았다. 지난 3월 11일 동일본에 대지진이 발생하자, 바로 그 다음 날 지원 웹사이트를 개설해 팔로어들에게 상황을 개선시킬 수 있는 의견을 구하고 100억 엔을 기부하겠다고 약속했다. 팔로어들은 "지진과 쓰나미로 휴대폰을 잃어버린 고객에게 무상으로 단말기를 제공해 달라" "재해로 고아가 된 아이들이 무료통화를 할 수 있게 해달라"고 제안했고, 손정의는 "합시다"라며 지원을 약속했다.

정부와 지자체보다 더 적극적으로 재난 극복에 앞장서는 최고경영자의 모습에 사람들은 감동했고, 소프트뱅크는 지진 발생 이후 설문조사에서 36.2퍼센트의 득표율을 얻어 '가장 선호하는 기업'으로 선정됐다. 트위터 활동 기간에 소프트뱅크의 주가도 2,130엔에서 3,060엔(2011년 5월 27일)으로 44퍼센트나 상승했다.


## 대기업이 흉내 낼 수 없는 이유

이와 같은 식으로 트위터를 활용하면 고객들은 강한 인상을 받는다. 그러나 대기업의 최고경영자가 트위터를 활용해 정보를 수집하거나, 사내에 지시를 하고 그 지시를 받은 담당자가 트위터로 보고하는 것은 거의 불가능하다. 최고경영자는 트위터에 대해 깊이 이해해야 하며, 사내에서 누가 적임자이고 어느 정도 가능한지 파악해야 하며 무엇보다 담당자를 신뢰해야 한다.

그러나 손정의는 "트위터에서 대외적으로 발언하면 직원들은 매우 신속하게 대응해야 하고, 만약 그렇게 하지 못할 경우에는 그 대안을 강구해야 한다"라고 발상을 전환했다. 트위터가 회사를 움직이는 계기가 될 수 있다고 생각한 것이다.

후지 록페스티벌의 사례를 통해서도 알 수 있듯이, 다른 기업들 같으면 "차기 계획에서 검토할 예정이므로 이용 가능한 시기는 내후년 여름이 될 것이다" 또는 "기지국 설치기준을 보면 과잉투자에 해당하며, 그런 개별적인 요구를 수용하면 다른 요구에도 일일이 대응해야 하므로 특례를 만들 수 없다"라고 결론 내릴 가능성이 크다.

그렇지만 최고경영자가 트위터에서 발언하면 그것은 회사의 명예를 걸고 실행하겠다는 약속을 한 것과 같다. 그래서 사내 담당자들은 다양한 방법을 검토하고 직원들끼리 협조하게 된다.

이런 의미에서 후지 록페스티벌의 경우 영구적인 기지국을 설치하는 게 아니라 단기간의 이벤트에 대응한다는 차원에서 차량 형태의 이동식 기지국을 설치했다. 그 결과가 타사보다 연결 상태가 좋다는 고객들의 평가로 이어졌다.

이와 같이 손정의는 트위터를 회사 밖으로의 정보발신과 고객의 의견을 수렴하는 커뮤니케이션 수단만이 아니라 사내의 대기업병을 치유하는 수단으로도 적극 활용하고 있다.

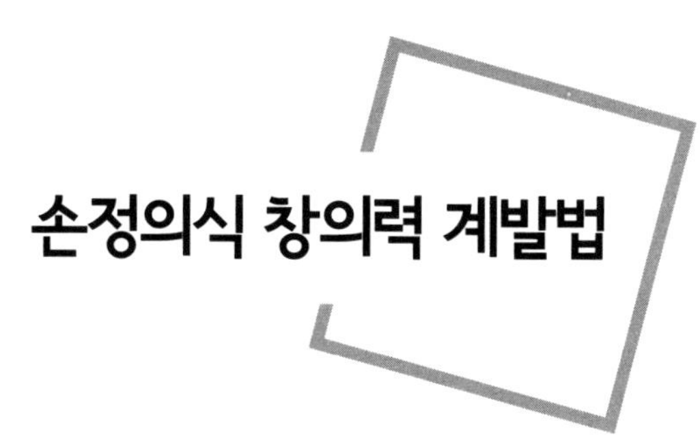


## 천재는 만들어진다

잘 알다시피 손정의는 '휴대용 자동번역기'를 발명해 판매한 자금으로 소프트뱅크를 설립했다. 또한 소프트뱅크의 경영이 위기에 직면했을 때 거기서 벗어나는 계기도 나중에 설명하게 될 'NCC BOX'라는 장치의 발명 덕분이었다. 그런 손정의의 발명 능력이 비즈니스에 활용되어 세상을 바꾸는 새로운 비즈니스 모델이 되었다. 즉 손정의는 사업 감각이라는 측면에서도 비범한 발명능력을 지녔다.

실제로 손정의는 천부적으로 독특한 아이디어를 지닌 소년이었다. 그렇게 된 데는 무엇보다 부친인 손삼헌 씨의 교육이 크게 작용했다. 손삼헌 씨는 어린 시절부터 손정의에게 "너는 타고난 천재라서 마음만 먹으면 뭐든지 다 할 수 있다"고 가르쳤다. 누구보다 아버지를 따랐던 그는 그런 칭찬을 사실로 받아들였고, 무슨 일을 하든 자신은 천재라서 못하는 일이 없다면서 매사에 자신감을 가지고 임했다. 그 덕분에 그는 무모한 도전을 즐겼지만 실제적으로는 자신이 마음먹은 일은 언제나 계획대로 이뤄 내는 학생이 되었다. 학교 성적도 역시 언제나 1등이었다. 때문에 손정의는 더더욱 "너는 천재다" "놀랍다"라는 칭찬을 들으면서 청소년기를 보냈다.

그렇게 되자 부친은 어른들에게 물어봐야 할 것도 손정의에게 상의하곤 했다. 손정의가 초등학생일 무렵, 손정의의 부친은 커피숍을 차렸다. 그러고는 "정의야, 어떻게 하면 매출을 빨리 올릴 수 있겠니?"라고 물었다. 당시 커피숍이 사람들 왕래가 잦은 대로변에서 조금 들어간 골목길에 있었기 때문에, 고객을 끌어들이려면 아이디어가 필요했다. 그러자 손정의는 "커피 무료 시음권을 나눠 주세요. 그렇게 해서 일단 커피숍을 다녀간 사람들은 다시 오게 될 것입니다"라고 대답했다. 손정의가 시킨 대로 하자 거짓말처럼 커피숍의 매출이 늘어나 경영에 큰 도움이 되었다.


## 발명뇌는 훈련으로 단련하라

그러나 부친의 교육만으로 오늘날의 손정의가 완성된 것은 아니다. 손정의 자신도 철저히 훈련을 거듭했다. 그러한 훈련을 하기 위한 방법으로서 손정의는 미국 유학 시절 '날마다 한 가지씩 발명한다'는 목표를 세웠다.

처음 몇 달 동안은 매일 아이디어를 떠올렸다. 그러나 어느 날 갑자기 아무런 아이디어도 떠오르지 않았다. 그래서 손정의가 생각해 낸 것이 '발명하는 방법을 발명한다'는 역발상이었다. 그렇게 해서 '카드 조합'을 통한 발상법을 떠올리게 되었다.

우선 '텔레비전' '피자집게' '자동' '손이 더러워지지 않는다' 등 생각나는 모든 명사와 형용사를 각각 카드에 적었다. 카드 조합에 대해서는 생각하지 않고 계속 몇 백 가지나 만들어 그중에서 몇 가지를 추려 냈다. 예를 들면 '손이 더러워지지 않는 피자집게'와 같은 조합이다. 그런 후에 그것이 발명 특허 대상이 되는지, 사업으로서 성공 가능성이 있는지 평가한다. 이런 식으로 하면 아이디어 부재라는 슬럼프에 빠지지 않고 연속적으로 발명하는 것이 가능해진다.

이 방법이 효과적이라는 것을 알게 되자, 카드 조합법을 프로그램화했다. 일단 프로그램화하면 카드 조합을 할 필요가 없어진다. 단지 컴퓨터 키보드를 눌러 화면에 표시되는 조합을 보고 평가만 하면 된다. 그리하여 1년에 몇 백 건에 이르는 발명을 하게 된 것이다.

실은 이와 같은 훈련은 애플사를 설립한 스티브 잡스도 실천하고 있다. 스티브 잡스는 젊은 시절 히피였다. 물질문명에 반항하는 젊은이 그룹인 히피는 자연에의 귀의를 강조하고 정신 개방을 지향하는 일종의 반사회적 행동을 일삼았다.

잡스는 인도에서 몇 개월 동안을 맨발로 걸어 다니면서 방랑했다. 그때 동행했던 친구 댄 코트키(Dan Kottke, 1954~ )가 애플사의 첫 번째 사원이 되었다. 그리고 인도의 불교를 체험한 다음에는 일본의 선禪에 심취했다. 한때 애플사는 회사 안에 'ZEN마스터'를 두기도 했다.

선은 마음을 비우고 기존 개념을 부정하며 자신을 새롭게 인식하여 깨달음의 경지에 도달하는 수행법이다. 선을 수행하기 위한 훈련 법 중에 공안公案이라는 것이 있다. 이것은 스승이 제자에게 깨우침을 주기 위해 던지는 질문을 뜻한다. 예를 들면, '100미터 앞에 있는 촛불을 끌 수 있는 방법을 말하시오'와 같은 것이다. 질문 자체가 자기모순을 포함하고 있어서 정답은 딱히 없다. 그러나 공안을 생각함으로써 자신이 어떤 전제조건을 무의식적으로 갖고 있는지 알게 된다.

스티브 잡스의 강연에서 사용되는 프레젠테이션에는 자주 아무 문자도 이미지도 표시되지 않는 공백의 슬라이드가 등장한다. 이는 청중들에게 선과 동일한 심리작용을 일으키기 위한 것이라고 말하는 사람도 있다.

또 잡스는 다소 색다른 훈련을 하고 있다. 그것은 누군가와 토론할 때 논리를 내세워 반론을 하는 게 아니라 그 즉시 떠오르는 생각을 조합해 반론한다는 것이다. 그러한 훈련을 반복함으로써 우연히 떠오른 생각을 동원해도 토론에서 지지 않는다. 지금 인기몰이를 하고 있는 아이폰과 아이팟으로 맺어져 있는 손정의와 잡스 두 사람 다 이러한 훈련을 했던 것은 대단히 흥미로운 사실이다.

## 최초의 사업인 휴대용 자동번역기 판매

그렇게 완성한 발명 가운데 손정의가 선택해 사업화한 것이 휴대용 자동번역기pocket translator였다. 휴대용 자동번역기는 가지고 다닐 수 있는 크기였고, 키보드로 단어를 입력하면 다른 나라 언어로 해석해 줄 뿐만 아니라 스피커를 통해서 목소리까지 나오는 음성인식 전자 번역기였다. '안녕'이라는 단어를 입력하면 기계에서 영어로 '헬로'라는 소리가 나오는 제품으로 현재 휴대용 전자사전에 필수적으로 제공되는 기능이다. 물론 손정의가 처음 아이디어를 냈을 당시만 해도 세상에 없던 제품이다. 손정의의 발명은 이런 콘셉트가 주종을 이루고 있다.

그런데 실제로 특허를 신청해 제조회사에 판매하려면 샘플을 만들어야 했다. 그래서 자신이 다니고 있는 UC버클리에 재직 중인 음성 인식과 출력에 관한 최고의 권위자인 교수에게 찾아가서 다짜고짜 자신의 아이디어를 말하고는 휴대용 자동번역기를 개발해 달라고 했다. 처음에는 너무 어이없다고 생각해 거절했던 교수도 손정의의 끈질긴 설득에 감명받아 개발을 결심했다. 곧 UC버클리 프로젝트 팀이 구성되었고, 손정의는 프로젝트 팀을 집중 관리했다. 개발비는 샘플이 완성되어 제조회사와 특허 계약이 체결되면 지불한다는 성공보수 조건이었다.

그리하여 완성된 휴대용 자동번역기를 샤프사에 판매해 최종적으로 1979년 'IQ3000'이라는 상품명으로 판매되었다. 그리고 손정의는 샤프사에서 받은 계약금 1억 엔을 가지고 미국에서 최초의 사업을 시작했다. 이와 같은 의미에서 보면 손정의는 사업을 하기 위해 발명을 했다고 할 수 있다.

IQ3000

## 손정의를 위기에서 구해 낸 발명

1987년 무렵 손정의는 발명을 통해 적자 위기에서 벗어났다. 바로 'NCC BOX'의 발명이었다. 1985년 NTT(일본전신전화, 우리나라의 KT

에 해당)가 민영화됨에 따라 규제 완화가 이루어져 통신사업에 대한 신규 진입이 가능해졌다. 이른바 신덴덴新電電이라 불리는 제1종 통신사업자로서, 일본텔레콤(현 소프트뱅크 텔레콤), 다이니덴덴第二電電, 일본고속통신日本高速通信이 시장에 진입했다.

덧붙여 말하자면, 다이니덴덴과 일본고속통신은 현 KDDI의 전신이 되는 회사다. KDDI는 Kokusai Denshin Denwa International의 약자로 국제전신전화 인터내셔널을 의미한다. 1984년 아메바경영(회사를 소집단으로 잘게 나누어 그 조직을 독립채산제로 운영하는 방식)으로 유명한 이나모리 가즈오(盛和夫, 1932~ ) 교세라 회장이 NTT의 독점에 맞서 질 좋고 저렴한 통신서비스를 제공하기 위해 설립했다.

제1종 통신사업자의 등장으로 일본의 전화요금은 매우 저렴해졌다. 특히 도쿄와 오사카 등과 같이 법인회사가 많이 이용하는 구간은 요금이 낮게 책정되었는데, 예를 들면 NTT의 도쿄와 오사카 간 전화요금은 3분에 400엔이었지만 신덴덴은 3분에 300엔이었다. 신덴덴 각사는 저가를 무기로 NTT에 대항해 가입자 수를 늘렸다.

그러나 신덴덴 측에도 불리한 조건이 있었다. 전화를 걸 때마다 시외전화 국번 앞에 신덴덴 각사의 고유번호 네 자릿수를 눌러야 했던 것이다. 고객들에게는 그것이 매우 번거로웠으며 가입을 하고서 얼마 지나면 누르는 걸 잊어버려 결국 NTT 회선을 사용하게 되었다.

또 하나 신뎬뎬 측에 불리한 점이 있었다. 바로 NTT와 신뎬뎬 측의 요금 가운데 어느 쪽이 저렴한지는 거리와 지역에 따라 다르다는 것이었다. 그 때문에 정말 저렴하게 전화를 걸려면 목록을 만들어 놓고 확인하면서 걸어야 했다. 물론 그렇게까지 했던 가입자는 많지 않았을 것이다.

이와 같은 신뎬뎬 측의 문제점을 해결하기 위해 발명한 것이 NCC BOX였다. NCC BOX는 전화기에 연결하면 자동으로 가장 저렴한 회선을 선택해 네 자릿수 전화번호를 붙여 전화를 거는 장치였다. 그 발명으로 당시 신뎬뎬의 대리점으로 활동하던 포발사Forval와 제휴해 신뎬뎬으로부터 엄청난 로열티를 받아 손정의는 위기에서 벗어날 수 있었다.

생각해 보면 이 발명도 단순한 발명가의 발명이 아니었다. 원래부터 목적이 분명했다. 사업 실패의 적자를 만회하기 위한 발명이었기 때문에 일정한 특허수수료 수취가 목적이었다. 휴대용 자동번역기 발명과 마찬가지로 사업을 위한 발명이었던 셈이다.

보통 발명가는 발명하는 데만 집중한 나머지 어떻게 판매를 하고, 어떻게 현금을 창출해야 하는지에 대해서는 생각하지 않는다. 이에 비해 손정의는 신뎬뎬의 대리점인 포발사와 협력함으로써 판매 및 현금 창출이라는 어려운 문제를 해결했다.

발명품을 기업에 성공적으로 판매하는 일 또한 무척 어렵다. 그것이 단순한 기술 제품이라면 기술 부서 담당자가 먼저 검증을 할 것이다. 그러면 세세한 기술적인 약점을 문제 삼아 좀처럼 제품화에 이르지 못한다. 게다가 기술적인 문제뿐만 아니라 그 회사의 기술 부문에 대한 자부심이 걸림돌로 작용해 이런저런 말을 한다. 즉 "대단한 발명이 아니다" "그 정도라면 우리 회사에서도 만들 수 있다" "우리도 이전부터 그와 동일한 제품을 구상하고 있었다" 등과 같은 의견을 제시한다. 실제로 신덴덴은 손정의의 NCC BOX를 채택하지 않고 자사에서 개발하겠다는 선택을 했다.

이와 같은 사태를 피하기 위해 손정의는 신덴덴의 대리점인 포발사와 협력했다. 대리점이 판매에 관여하고 있다면 당연히 신덴덴의 영업부도 판매 당사자로서 참여한다. 이것이 판매를 성사시키는 데 중요한 요인으로 작용했다. 영업 부서는 매월 매출액을 늘리는 것이 주된 업무다. 따라서 영업 부서에서 무언가를 검토하기 위한 기준은 1개월 단위가 된다. 그러나 기술 부서라면 1년 단위가 된다.

또한 영업 부서는 다른 회사와의 판매 경쟁에서 앞서기 위해 갖은 노력을 한다. 만에 하나 타사가 NCC BOX를 먼저 판매해 성공하게 되면 이는 영업 부서의 책임이 된다. 그러나 기술 부서의 경우는 자신들이 NCC BOX를 채택하지 않기로 결정해 나중에 다른 기업과의 매출 경쟁에서 지더라도 직접적으로 책임을 추궁당하지 않는다. 손정의는 그와 같은 사내 역학관계까지 치밀하게 고려했다. 그야말로 발명가인 동시에 기업가가 아니고선 해낼 수 없는 생각이라고 할 수 있다.


## 손정의식 브레인스토밍 기법

손정의는 자기 혼자서 모든 것을 발명하거나 발상하지 않는다. 그보다는 브레인스토밍을 활용해 직원들과 함께 아이디어를 창출한다. 브레인스토밍이란 집단으로 아이디어를 찾아내는 한 방법으로, 리더가 문제를 제기하고 참가자들이 자유분방한 아이디어를 내게 하는 기법이다. 1939년 미국 광고회사인 BBDO<sup>Batten, Barton, Durstine and Osborn</sup>의 설립자 중 한 사람이자 부사장이던 알렉스 오스본(Alex Osborne, 1888~1966)이 개발했다. 그 후《독창력을 신장하라<sup>Applied Imagination</sup>》(1953)라는 책을 통해 널리 알려지게 되었다.

브레인스토밍의 일반적인 원칙 가운데 하나는 "좋은 아이디어다" "나쁜 아이디어다"라는 식으로 판단하지 않는 것이다. 예를 들면 "그 아이디어는 리스크가 지나치게 크다"라는 식으로 무조건 비판하지 않고, "어떻게 하면 리스크를 줄일 수 있을까?"라는 식으로 생각한다.

또한 기발하지만 비웃음을 살 수 있는 아이디어일지라도 자유롭게 개진하는 것이 중요하다. 그 연장선상에서 질보다 양을 계속 추구한다. 그리고 여러 사람이 생각해 낸 아이디어를 모아 더욱 나은 결론을 도출하고자 요란스럽게 토론한다.



**브레인스토밍의 원칙과 효과**

**＊원칙** •타인의 아이디어에 대한 비판 금지.
　　　•타인의 아이디어를 개선 또는 결합.
　　　•자유로운 토론과 의견 제시.
　　　•질보다 양에 치중.

**＊효과** •개인의 능력과 성취동기의 증대.
　　　•인간관계의 원활화.

**＊멤버** •총 12명으로 구성.
　　　•1명–리더.
　　　•1명–기록원.
　　　•5명–정규멤버regular member(해당 부문의 전문가).
　　　•5명–객원멤버guest member(기타 부문의 종사자).

이러한 브레인스토밍의 원칙을 열거해 보면 손정의가 미국 유학 중에 시도했던 발명법과 공통되는 부분이 있다. 손정의에게 브레인스토밍이란 참가자 한 사람 한 사람이 발명을 하기 위한 카드를 머릿속에서 끄집어내 더 나은 조합을 만들어가는 작업이다.

이와 같은 일반적인 브레인스토밍의 원칙 외에도 손정의식 브레인스토밍에는 몇 가지 특이점이 더 있다. 그중 하나는 모든 아이디어를 반드시 화이트보드에 기록한다는 것이다. 이것은 브레인스토밍을 하는 과정에서 제안한 아이디어를 모든 참가자가 공유하도록 하겠다는 의미가 담겨 있다. 참가자들은 화이트보드에 적힌 아이디어와 자신의 아이디어를 비교해 보고 다방면으로 생각하게 된다.

또한 브레인스토밍을 할 때 그림으로 설명하기도 한다. 예를 들면 새로운 비즈니스 모델을 제시하거나 제휴관계를 토론하게 될 경우다. 이 경우에는 아이디어가 화이트보드 위에서 계속 개선되며 최종적으로는 그 그림을 프레젠테이션 자료의 초안으로 삼을 수도 있다.

또한 손정의는 참가자들을 세심하게 배려한다. 또 브레인스토밍을 하는 자리에는 언제나 그 분야 최고 전문가를 참석시킨다. 손정의는 회사를 설립하자마자 일본 최고 수준의 변호사와 공인회계사 등을 고문으로 선임했다. 또한 기술적인 측면이 관련되면 그때마다 해당 기술 분야의 전문가를 초빙해 프로젝트 멤버로 참여시키고 있다. 이 부분은 UC버클리에서 프로젝트 멤버를 모아 휴대용 자동번역기를 개발한 것과 동일하다.

## 터무니없는 아이디어도 반드시 토론한다

전화회의를 철저히 활용하는 것도 손정의식 업무기법의 특징이다. 소프트뱅크 사장실에는 '히토데'(일본어로 '불가사리'를 의미)라 부르는 전화회의 시스템이 설치돼 있다. 책상 위에 두는 마이크 겸용 스피커의 형태가 불가사리 모양이기 때문에 붙여진 이름이다. 이 전화회의 시스템으로 멀리 떨어져 있는 사람과 언제든지 전화회의를 할 수 있다.

히토데

　손정의는 브레인스토밍을 하다가 좋은 아이디어가 떠오르면 즉시 전화를 건다. 전화를 받는 상대가 설령 미국 자회사 대표일지라도 비서는 전화를 연결해야 한다. 때문에 비서는 매우 바빠진다. 시차나 퇴근시간에 관계없이 상대를 호출해야 하기 때문이다. 그리하여 손정의는 브레인스토밍을 하더라도 언제나 최신 정보와 전문가의 입을 통한 정보를 기초로 삼을 수 있다.

　손정의식 브레인스토밍의 또 다른 특징은 진행방법에 있다. 원래 브레인스토밍은 미국에서 개발된 기법으로 누구나 자유롭게 자신의 의견을 제시하는 것을 전제로 한다. 그러나 일본에서는 참가자

가운데 발언하는 사람과 발언하지 않는 사람으로 뚜렷하게 구분된다. 그렇게 되면 개별 참가자들의 지혜를 공유하는 토론이 이루어질 수 없다.

그래서 손정의는 회의를 시작하자마자 명함 크기로 자른 종이에 참가자들의 의견을 적게 한다. 이때 참가자들이 서로 이야기를 하지 못하도록 한다. 만약 이야기를 하면 손정의가 엄중하게 주의를 준다. 그 이유는 참가자들이 서로 이야기를 하게 되면 아무래도 상급자나 목소리 큰 사람의 영향을 받아 다양한 의견을 내지 못하기 때문이다.

그리하여 때로는 상당히 기묘한 의견조차 진지하게 토론하기도 한다. 소프트뱅크가 일본채권신용은행(현 아오조라은행)을 매수했을 때 새로운 은행명을 논의하기 위해 브레인스토밍 자리를 마련했다. 그중에는 물론 지금의 '아오조라은행'이 은행명으로서 제안되었는데, 그중 누군가 '긴기라긴코*'를 제안했다.

다른 회사라면 논의 대상으로도 삼지 않았겠지만, 일부에서 "줄여서 발음하면 긴기라긴이 되므로 임팩트가 강하다!" "100이면 100명 모두 기억하게 된다!" 같은 의견을 제시했다. 평소 같았으면 단어

---

*긴기라긴코 : '긴기라'는 '번쩍번쩍 빛난다'를 의미하는 '긴키라'를 부드럽게 발음한 단어이며, 긴은 은행을 의미하는 '긴코'를 줄인 단어다. 따라서 '긴기라긴'이라 하면 '번쩍번쩍 빛나는 은행'이라는 뜻이 된다.

자체가 너무 경망스럽다는 이유로 "진지하게 검토하라"라고 야단을 맞을 법도 하지만 브레인스토밍 자리였으므로 문제가 되지 않았다.

하지만 브레인스토밍에서 나온 여러 안을 사내에서 설문조사한 결과 직원들은 표준적인 명칭을 선호했다. 그 결과가 반영되어 '긴기라긴코'라는 명칭은 채택되지 않았다.


## 손정의식 화이트보드 활용법

브레인스토밍뿐만 아니라 다른 모든 회의에서도 손정의는 화이트보드를 사용한다. 손정의가 업무처리를 한다고 하면 PC를 마주 보고 있거나 협상을 하는 모습을 떠올리는 사람이 많을 테지만 실은 전혀 그렇지 않다. 복잡한 그림을 그린 화이트보드 앞에서 열변을 토하고 있는 모습이 정답이다.

화이트보드의 장점은 나열하기 쉽다는 점이다. 토론을 하면서 계속 검토 결과를 반영할 수 있다. 예를 들면 비즈니스 모델을 논의할 때는 먼저 영업적인 측면에서 검토한 후 법률적인 측면에서 검토하고 나아가 재무적인 측면에서 검토한 다음 마지막으로 세무적인 측면에서 검토하는 과정을 거친다. 이 같은 검토 과정을 거칠 때 필요하다면 사내 담당자와 사외 전문가를 회의에 참석시키며, 만약 참석하기 힘든 상황이라면 전화를 통해서라도 회의에 참석하게 함으로써 화이트보드 상에서 심도 있게 검토한다.

이와 같은 검토 과정을 화이트보드에 의존하지 않고 진행한다면 기록원이 일일이 종이에 그림을 그려야 하며, 게다가 잘못 기록하면 화이트보드와 달리 전체적으로 다시 그려야 하는 등 지나치게 많은 시간이 소요된다.

화이트보드의 또 다른 장점은 브레인스토밍이든 회의든 참석자들의 생각을 최신 상황으로 통일시킬 수 있다는 것이다. 장시간 토론을 하다 보면 내용이 복잡하게 얽혀 결론이 무엇인지 모르게 된다. 그렇게 되면 나중에 가서 A라는 사람과 B라는 사람이 서로 다른 생각을 하고 그것이 문제가 되어 결국 다시 협의를 해야 한다. 화이트보드를 통해 참석자 전원이 확인을 하면 그런 문제점을 해결할 수 있다.

화이트보드는 소프트뱅크뿐만 아니라 IT기업에서도 많이 활용하고 있다. 그에 비해 관공서나 대기업에서는 그다지 활용하지 않는다. 그것은 직원들의 지혜를 화이트보드라는 작업대에 올려놓고 집약해 가는 문화에 익숙하지 않기 때문이다.

이런 조직에서는 상하관계가 철저하기 때문에 자신이 담당하고 있는 분야가 아니면 입을 꾹 다물고 절대 발언하지 않는다. 설사 담당 분야라 해도 발언하는 사람은 정해져 있다. 그리고 상사도 부하도 회의석상에서는 가능한 한 공식적인 발언을 하지 않는다. 그 때문에 부서 내 또는 부서 간에 미리 조정한 내용(종이)을 토대로 설명을 하게 된다. 그러므로 화이트보드를 활용할 수 없다. 참석자들은 회의석상에서 부서를 대표해 책임 있는 발언을 해야 하기 때문이다.

소프트뱅크에서도 회의석상에서 부서를 대표하는 책임 있는 발언을 하지 못하는 부서장은 부서장으로서 계속 그 자리에 머물러 있을 수 없다. 손정의와 함께 화이트보드라는 작업대에 올려져 있는 아이디어를 연마하지 못하는 부서장에 대해서는 존재가치를 인정하지 않기 때문이다.

화이트보드 활용은 단지 브레인스토밍과 회의에만 적용되지 않는다. 조직 차원에서의 아이디어 창출과 우수 인력 선발과도 직결되는 문제다. 실은 화이트보드를 자유자재로 활용하기란 쉽지 않다. 그러나 손정의는 기업을 경영하는 방안으로서 화이트보드를 적극 활용하고 있다.

## 지금도 끊임없이 성장하는 소프트뱅크

손정의식 브레인스토밍은 위와 같이 다양한 관점에서 효율성을 추구하고 있다. 이는 무엇보다 미국에서 거듭한 발명 트레이닝에 힘입은 바가 컸다고 할 수 있다. 이 발명 트레이닝과 브레인스토밍에는 공통점이 많다.

먼저 발명의 구성요소가 되는 것을 가능한 한 많이 모은다는 점이다. 발명 트레이닝을 할 때는 자기 주변에 있는 정보를 닥치는 대로 모으지만, 브레인스토밍을 할 때는 많은 전문가와 담당자를 모은다. 그것이 자기 눈에만 띄는 것이냐 아니면 자신을 포함해 많은 사람들의 지식과 지혜이냐의 차이일 뿐이다. 실제로 브레인스토밍에서는 참가자 전원이 눈에 보이지 않는 카드로 자신의 지식과 지혜를 가지고 손정의의 발명 트레이닝에 참석하고 있는 것처럼 보인다.

또한 조합을 하고 있다는 점도 동일하다. 발명 트레이닝을 할 때 카드를 조합하듯이 브레인스토밍을 할 때도 참석자들의 의견이 몇 차례에 걸쳐서 조합된다. 그렇게 개선된 아이디어가 사업전략의 기초가 된다.

손정의는 미국 유학 중에 거듭했던 발명 트레이닝을 지금도 계속하고 있다. 아이디어의 기반이 되는 카드를 계속 모으고 있는 것이다. 그리고 소프트뱅크의 사업 규모가 커지면 커질수록 모이는 정보의 양과 질도 비약적으로 성장한다. 또한 브레인스토밍에 참석하는 멤버의 수도 늘어나고 이들의 자질 또한 높아진다.

이 책을 집필하고 있는 현재, 일본 특허청의 특허 데이터베이스에 공개된 손정의의 최신 발명은 2010년 8월 12일에 공개된 '출원인: 소프트뱅크 모바일 주식회사 외 1명, 발명자 손정의 외 1명'이며, 명칭은 '정보처리시스템, 소프트웨어 다운로드 방법 및 소프트웨어 다운

로드 프로그램'이다. 손정의는 오늘도 쉴 새 없이 발명에 발명을 거

듭하고 있다.

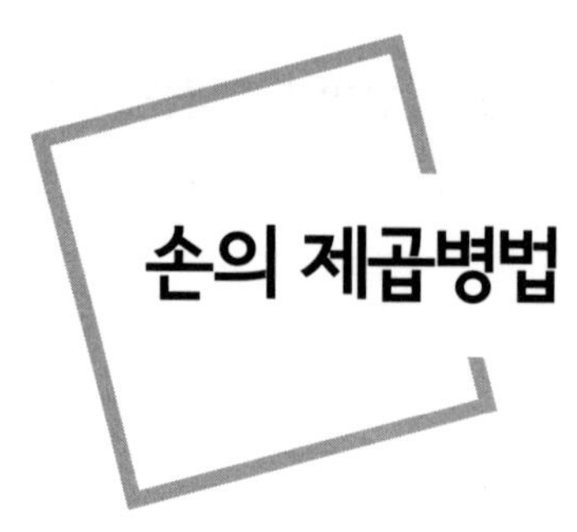

# 손의 제곱병법

## 25자로 집약된 경영지침

손정의에게는 《손자병법》에 자신의 독자적인 아이디어를 더한 '손의 제곱병법'이라는 경영지침이 있다. 26세 되던 해에 중병에 걸려 소프트뱅크 경영 일선에서 물러나 입원 치료를 해야 했을 때 만든 지침이다. 필자도 소프트뱅크에 입사한 1999년 무렵 '손의 제곱병법'을 알게 되었다. 이것은 생각날 때 가끔 들춰내는 이야깃거리가 아니다.

손정의는 소프트뱅크 아카데미아 개교식에서 가장 먼저 손의 제곱병법에 대해 언급했다. 그때 손정의는 다음 25자의 의미를 머릿속에 철저히 담아 두고 있다고 말했다. 또한 자신의 후계자가 될 사람은 손의 제곱병법을 이해하고 실천해야 한다고 강조했다.

그 25개 문자는 다음과 같다.


도천지장법道天地將法

정정략칠투頂情略七鬪

일류공수군一類攻守群

지신인용엄智信仁勇嚴

풍림화산해風林火山海


첫 번째 줄은 이념, 두 번째 줄은 비전, 세 번째 줄은 전략, 네 번째 줄은 경영자의 마음가짐, 다섯 번째 줄은 전술을 가리킨다.

여기서는 위 다섯 가지를 모두 구체적으로 설명하지 않고, 다섯 번째 줄의 풍림화산해에 대해서만 자세히 설명하기로 한다. 다섯 가지 모두 실제 사례를 곁들여 설명하면 그것만으로도 책 한 권이 될 정도로 방대해지기 때문이다.


## 풍림화산과 '해'

풍림화산은 15세기 후반부터 16세기 후반까지 군웅이 할거해 서로 다투던 전국시대의 장수인 다케다 신겐(武田信玄, 1521~1573)이 슬로건으로 내걸어 널리 알려진 말이다. 원래 《손자병법》의 〈군쟁

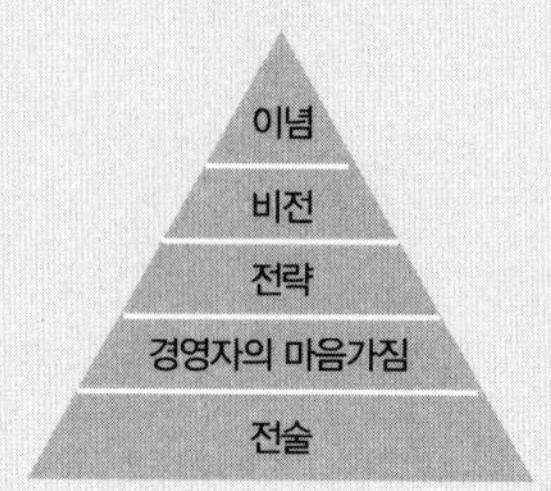


**＊손의 제곱병법과 경영지침**

**이념–도천지장법道天地將法** : 싸움에 이기기 위해서는 하늘의 때, 땅의 이점, 그리고 훌륭한 장수가 있어야 하며 법과 규율이 엄중해야 한다.

**비전–정정략칠투頂情略七鬪** : 정상에서 전체를 내려다보고, 정보를 가능한 한 많이 모아 전략을 세우며, 7할의 승산이 있을 때 일을 시작한다.

**전략–일류공수군一類攻守群** : 최고의 자리에 앉은 사람은 공수의 균형을 취하며, 무리를 지어 싸워야 한다.

**경영자의 마음가짐–지신인용엄智信仁勇嚴** : 장수는 지혜와 신의, 인의, 용기, 엄격함을 가져야 한다.

**전술–풍림화산해風林火山海** : 넓고 깊은 바다처럼 모든 것을 삼켜 버려 완전하게 평정해야 비로소 전투가 끝난다.

편軍爭篇〉에서 인용한 말로, 그 내용은 이렇다.

"빠르기가 바람과 같고, 고요하기는 숲과 같아야 하며, 치고 앗을 때는 불같이 하고, 움직이지 않을 때는 산처럼 하며, 숨을 때는 어둠 속에 잠긴 듯이 하다가도, 움직일 때는 벼락 치듯 적에게 손쓸 기회를 주지 않아야 한다."

손정의는 이 네 가지에 《손자병법》의 원문에는 없는 '해海'를 더했다. 전투의 마지막 국면으로서 넓고 깊은 바다처럼 모든 것을 삼켜 버려 완전하게 평정해야 비로소 전투가 끝난다는 것을 의미한다. 만약 전투의 실타래가 될 수 있는 불씨를 남겨 두면 반란의 소지가 된다. 정말로 전투에서 승리했다는 것은 바다와 같이 넓고 평온해져야 한다는 뜻에서 그것을 '해'라 했다.

## 옥션의 역사에서 보는 '풍림화산해'

이 풍림화산해를 훌륭하게 구현한 사례가 인터넷경매 사업에서 손정의가 취한 전략이다. 인터넷경매는 이미 널리 보급되어 있는 인터넷 서비스의 일종으로, 웹사이트를 통해 제공되는 사이버 장터에서 회원 간에 물품을 사고 팔 수 있도록 한 매매방식이다. 일본에서는 야후저팬·라쿠텐*·DeNA(일본 최대 소셜게임업체로 '디엔에이'라고 부른다) 등이 운영하고 있는데, 손정의의 야후저팬이 압도적인 시

**경영 상식**

***라쿠텐樂天** : 인터넷 쇼핑 서비스를 시작으로 인터넷 서비스를 제공하고 있는 일본 기업이다. 1997년에 현 회장 겸 CEO인 미키타니 히로시(三木谷 浩史, 1965~ )가 설립했다. 일본 최대 인터넷 쇼핑몰인 '라쿠텐 시장'이나 포털사이트 '인포시크' 등을 운영하고 있다. 프로야구단인 '라쿠텐 이글스'도 보유하고 있다. 2011년 창단이 확정된 한국의 엔씨소프트가 라쿠텐 이글스를 롤모델로 삼고 있다.

장점유율을 차지하고 있다. 시장 전체의 취급 규모는 연간 2조 엔을 크게 웃돈다.

세계적으로 보면 일본에서는 야후저팬, 중국에서는 타오바오, 미국에서는 이베이가 시장을 석권하고 있다. 미국에서 이베이의 시장 점유율은 80퍼센트에 이른다. 현재 이베이는 세계 약 30여 나라에 진출해 있으며, 취급 품목 수가 몇 억 개에 이르는 등 명실 공히 세계 최대 기업이다.

인터넷경매는 이들 3개 회사가 좌지우지하고 있다 해도 과언이 아닐 만큼 점유율 면에서 앞선다. 이 분야가 승자 독식의 논리winner takes all가 적용되는 비즈니스이기 때문이다.

인터넷경매에서는 출품자가 팔고 싶은 물건을 내놓고 그 물건에 입찰하는 사람들끼리 가격을 흥정해 가장 높은 가격을 제시한 사람에게 낙찰된다. 어떤 출품자라도 입찰에 응하는 사람이 많은 곳에 물건을 내놓고 싶어 할 것이다. 또한 입찰하려는 사람도 물건이 많은 곳을 선호할 것이다. 이는 당연한 이치다. 이와 같이 출품자와 낙찰자의 니즈가 누적되면서 자연히 시장을 독점하는 기업이 생긴다.

### '풍風'－이베이의 일본 진출

1999년 10월 세계 최대의 인터넷경매 회사인 이베이가 100퍼센트

출자 자회사인 이베이저팬을 설립해 일본에 진출했다. 그러나 회사 설립만 한 채 서비스는 시작하지 않았다. 그에 대해 이베이저팬이 설립되기 1개월 전인 1999년 8월 야후저팬이 인터넷경매를 시작했다.

당시 이베이저팬이 설립되기 6개월 전부터 이베이가 일본에 진출한다는 소문이 IT업계에 퍼졌다. 또한 미국 야후도 인터넷경매를 세계 각국에서 전개하기 시작했다.

그리하여 1999년 4월 야후 설립자 중 한 사람인 제리 양, 손정의, 야후저팬의 CEO 이노우에 마사히로(井上雅博, 1957~ ) 세 사람이 협의해 불과 5개월 동안의 준비 기간을 거쳐 일본에서 인터넷경매를 시작했다.

그렇게 탄생한 야후옥션은 서비스를 시작한 지 불과 2개월 만에 출품 수가 10만 점을 웃돌 정도로 크게 성장했다. 그야말로 폭풍과 같은 전개였다.

## 림林－요지부동의 수수료 무료화 정책

당초 이베이저팬은 2001년 1월부터 서비스를 시작한다는 목표를 세웠다. 시스템은 미국 것을 그대로 사용하기로 했다. 그러나 야후저팬의 인터넷경매 서비스가 안정적으로 연착륙하자 위기감을 느겼다. 그리하여 일본 법인을 NEC*와 합작해 설립하기로 했다. 이베이 70퍼센트, NEC 30퍼센트의 출자비율로 하며, 판촉 면에서 NEC 산하의 포털업체인 NEC빅로브<sup>NEC BIGLOBE</sup>가 협력한다는 내용이었다. 그리하여 이베이저팬도 야후저팬보다 약 8개월 늦은 2000년 봄부터 서비스를 시작했다.

그러나 야후저팬이 먼저 구축했던 사용자와 출품 관련 데이터베이스는 강력했다. 게다가 출품수수료까지 받지 않았다. 그에 비해 이베이저팬은 가격에 따라 30~7,500엔이라는 출품수수료를 받았다. 또한 야후저팬은 일본인을 겨냥한 디자인을 하고, 일련의 절차를 간단하게 진행할 수 있도록 하는 등 차별화를 시도했다. 당연히 고객은 이베이저팬보다는 야후저팬을 이용했다.



***NEC** : 1899년 호손실험<sup>Hawthorne experiment</sup>으로 유명한 미국의 웨스턴일렉트릭사<sup>Western Electric</sup>와 일본의 실업가인 이와다레 구니히코(岩垂邦彦, 1857~1941)가 공동 출자해 설립했다. 일본 최초로 이루어진 외국과의 합작기업이다. 처음에는 주로 웨스턴일렉트릭사로부터 전화기 · 교환기 등을 수입해 판매했으나, 이후 웨스턴일렉트릭사의 생산관리방식을 도입해 공장근대화를 이룩했으며, 메이지시대 말기에는 일본 제1위의 전화기 생산업체가 되었다. 1945년 일본전기주식회사에서 지금의 회사명인 NEC로 변경했다. 제2차 세계대전 뒤, 일본전신전화공사(지금의 NTT)의 전화 확충 계획에 따라 크로스바 교환기(크로스바 스위치를 사용), 마이크로파 통신장치의 생산을 추진하는 한편, 반도체 IC · 컴퓨터 및 우주통신 등으로 사업 분야를 확대해 세계 굴지의 통신 · 전자 종합 제조업체로 성장했다.

그러나 실은 소프트뱅크 내부에서도 이런저런 의견이 많았다. 원래 인터넷경매 사업은 이미지가 중요한 산업이다. 경매로 출품할 때는 여러 장의 사진과 문장을 첨부한다. 의뢰인은 자신이 내놓은 물건을 가능한 한 많은 입찰 희망자에게 알리고 싶어 한다. 때문에 가능한 한 많은 정보를 제공하려고 한다. 만약 정보량이 적으면 입찰자가 없거나 원하는 가격대에서 낙찰되지 못할 가능성이 커진다. 그런 의미에서 정보량은 매우 중요하다.

의뢰인은 물건에 대한 이해도를 높이기 위해 관련된 사진과 문장을 서버에 등록한다. 당연히 서버 용량을 초과하면 용량을 늘려야 하는데 그렇게 되면 서버 구입비용과 설정비용이 든다.

또한 그 서버는 보안이 강화된 특별 데이터센터라 불리는 장소에 설치할 필요가 있다. 다시 말해 초기투자비뿐만 아니라 고정비도 부담으로 작용한다. 심지어 무료인 탓에 아무도 입찰하지 않을 물건도 자꾸 등록한다는 문제점도 발생한다.

야후저팬에게도 인터넷경매 사업은 비용은 발생하는 반면 매출과 수익은 따라오지 않는 골칫거리였다. 당시(2000년) 야후저팬은 이미 기업을 공개한 상태였기 때문에 분기결산을 발표하고 있었다. 적자결산을 발표하는 곤욕을 치르지 않기 위해서라도 될 수 있으면 빨리 유료화로 전환해야만 했다. 그러나 손정의는 유료화를 주장하는 의견을 단호히 뿌리치고 무료 서비스를 고수했다.

이베이 역시 1998년 신생 벤처기업을 대상으로 하는 주식시장인 나스닥에 주식을 상장했다. 그 때문에 무료 서비스 제공과 같은, 서버 유지비용이 증가하는 정책을 취하기란 현실적으로 불가능했다. 또한 과거에 성공을 거둔 비즈니스 관행을 바꿔 일본만 특별 규정을 적용한다는 것도 생각하기 어려웠다.

그리하여 무료화를 할 수 없는 이베이저팬에 비해 야후저팬은 손정의의 지시에 따라 완전히 승리할 때까지 출품수수료 무료라는 당초의 방침을 전혀 바꾸지 않았다. 야후저팬의 분기별 결산을 주시하면서 뚝심을 발휘한 그야말로 버티기 싸움이었다.

## 화火—유료화 전환과 이베이저팬의 철수

그런 가운데 야후저팬은 2001년 5월 본인 확인을 위한 비용으로 월 280엔을 부과하는 유료화정책으로 전환했다. 이베이저팬은 그 기회를 놓치지 않고 반격에 나섰다. 야후저팬이 유료화하는 바로 그때, 수수료 무료 캠페인을 전개했다. 당시 이베이저팬은 의뢰하는 물건의 카테고리에 따라서는 출품 수가 제로인 경우가 발생해 카테고리를 통합해야 하는 등 궁지에 몰린 상황이었다. 그 시점에서 이베이저팬은 규모에 있어 야후저팬의 몇 퍼센트밖에 되지 않았다.

그러나 유료화정책도 야후저팬의 압도적인 고객 수와 물품 수를 반감시키지는 못했다. 유료화 후에도 실적은 양호한 수치를 기록했다. 경매 참가자 수가 2001년 6월 말에 55만 명, 7월 말에 73만 명, 8월 말에 87만 명, 9월 25일에는 100만 명을 돌파했다. 9월 10일에는 물품 수도 300만 점을 넘어섰다.

마침내 이베이저팬은 야후저팬과의 경쟁에서 패해 2002년 3월 말 일본 사이트를 폐쇄하고 철수했다. 바로 그때 일본 인터넷경매 시장의 향방이 결정되었다.

## 산  ―야후저팬의 독주체제 돌입

그 후 야후저팬은 인터넷경매 분야에서 순조롭게 성장했다. 또한 2002년에는 물품을 등록할 때마다 10엔을 청구하는 동시에 낙찰가의 3퍼센트를 수수료로 청구했다. 그 때문에 초기에 문제가 되었던 낙찰 가능성이 없는 물품의 등록이 자연히 줄어들어 사업이 더욱 안정화되었다. 그리하여 야후저팬은 일본 내 시장점유율을 80퍼센트 이상으로 끌어올렸다. 2010년 8월 기준으로 1개월 출품 수 2,098만 점, 거래에 참여하는 순수 방문자 수unique browser 3,658만 건을 기록했다.

최근 일본 인터넷경매 시장은 경기침체의 영향으로 인해 출품 수가 줄고 단가가 내려가는 등 다소 둔화 추세에 있다. 미국에서도 이베이가 2007년까지는 순조롭게 성장했지만 2008년 1/4분기에는 매출감소·수익감소로 돌아섰다. 그 이유 중 하나는 인터넷 사용자들의 관심이 인터넷경매에서 SNS·트위터·플래시마케팅* 등 새로운 서비스로 쏠린 것이다. 인간의 행동은 수입에 의해 제약을 받을 뿐만 아니라, 인터넷경매의 '24시간 이내'라는 제한된 시간에도 제약을 받는다. 다양한 서비스를 이용하다 보면 경매에 눈을 돌릴 시간이 줄어드는 건 당연하다.



*플래시마케팅flash marketing : 흔히 소셜커머스social commerce라고 하는데, 할인 가격이나 특전이 있는 쿠폰을 기간 한정으로 인터넷상에서 판매하는 것을 말한다. 일반적으로 24~72시간 정도의 짧은 시간flash에 쿠폰 판매나 고객의 정보 수집이 이루어지는 게 특징이다.

## 인터넷 비즈니스의 라이프사이클

다시 말해 인터넷경매 시장은 세계적으로도 이미 성숙기에 접어든 비즈니스가 되었다. 그렇게 되면 야후저팬의 시장지배력도 확고부동해진다고 할 수 있다. 왜냐하면 어떤 기업이 성장 가능성이 없는 시장에 신규 진입하기란 어렵기 때문이다.

이러한 현상은 레이먼드 비논(Raymond Vernon, 1914~1999)이라는 경영학자가 제창한 제품수명주기이론PLC theory으로 설명할 수 있다. 사람은 태어나 숨을 거둘 때까지 일정한 주기를 거치는데, 제품도 그와 동일한 수명주기life cycle가 있다는 이론이다. 이 이론에 따르면 제품의 수명주기는 '도입기, 성장기, 성숙기, 쇠퇴기'라는 4단계를 거친다.

도입기에는 선도기업이 먼저 소수의 사용자들을 대상으로 시장에 제품을 투입한다. 인터넷서비스가 아닌 일반적인 제품이라면 고가전략을 취하며, 제품의 인지도와 이해도를 높이기 위해 광고·선전과 판매촉진 등에 주력하므로 마케팅 비용이 누적되어 수익 창출을 기대하기 어렵다.

성장기에는 새로운 시장을 개척하고자 신규 진입하는 기업이 줄을 잇는다. 소비자층도 초기의 사용자들을 모방하듯이 새로운 제품을 선호하는 사용자가 주류를 이루게 된다. 성장기에는 모든 기업의 매출과 이익이 순조롭게 증가한다.

성숙기에 접어들면 성장기에 비해 규모의 경제°가 작용하며, 경쟁도 격화되고 가격도 하락한다. 그리고 소비자층도 일반 대중으로 확산된다. 타사와의 차이를 명확하게 하기 위한 차별화가 중요해진다.

---

°규모의 경제economy of scale : 생산규모(투입량)가 커짐에 따라 제품단위당 원가(평균비용)가 줄어드는 현상.

마지막으로 쇠퇴기가 되면 시장이 확대되지 않고 경우에 따라서는 축소되기도 한다. 경쟁에 패한 기업은 시장에서 퇴출된다. 또한 살아남기 위해 인수·합병 등이 이루어진다.

그러나 인터넷 비즈니스의 수명주기는 제품수명주기와 몇 가지 점에서 차이가 있다. 그것은 도입기, 성장기, 성숙기까지 단기간에 진행된다는 것이다. 그러므로 시장에 가장 먼저 진입해 우위를 확보하는 것이 중요하다. 그것이 작은 차이의 우위라 할지라도 우위가 우위를 불러일으키는 시스템이 작동한다.

앞에서 언급했듯이, 등록된 물품 수가 많은 인터넷경매 사이트에 입찰자들이 몰려들며, 입찰자가 많은 곳에 의뢰인이 쇄도하는 현상이 이를 잘 설명한다. 이것을 승자독식이라 하며 IT업계에서 흔히 쓰는 말이기도 하다.

게다가 경쟁이 전 세계계적으로 전개된다. 이러한 현상은 야후 등과 같은 포털사이트부터 아마존 같은 전자상거래, 트위터 같은 인터넷 서비스에까지 적용된다.

어떤 비즈니스 모델이 유행하기 시작하면 그 정보는 순식간에 퍼져 나간다. 혁신 수용자innovators*는 해외 서비스일지라도 일단 사용해 본다. 이때 동일한 비즈니스 모델을 가지고 국내기업·외국기업·합작기업 등이 일제히 경쟁을 벌이게 된다. 또한 경쟁을 하는 과정에서 제휴와 인수·합병 등이 이루어진다. 왜냐하면 일반적인 제품시장과는 달리, 인터넷 비즈니스에서는 빠른 속도로 치고 올라와 시장에서 1위를 차지하는 것이 중요하기 때문이다.





＊**볼링앨리전략**bowling alley strategy : 볼링에서 헤드핀을 겨냥하듯이 넓은 주류시장 중에 세분화된 틈새시장을 하나의 목표로 삼아 집중 공략하는 전략.

＊**캐즘**chasm : 사업이 잘되는 듯 보이던 기업이 더 발전하지 못하고 수렁에 빠진 것처럼 심각한 정체를 겪는 현상.

## 해海 – 이번에는 이베이와 제휴

손정의의 풍림화산해도 제품수명주기이론에 입각해 고찰하면 그것의 논리적인 합리성을 이해할 수 있다. 그중에서도 가장 중요한 것이 마지막 '해'다.

2007년 12월 야후저팬과 이베이는 새로운 인터넷경매 시장을 창출하기 위해 상호 시장진입 지원 및 마케팅 강화 등에서 제휴한다고 발표했다. 동시에 일본에서 이베이 상품을 낙찰할 수 있는 구매대행 사이트인 '세카이몬sekaimon'(한자로 표시하면 '세계문世界門'이다) 서비스를 시작한다고 발표했다. 이 서비스는 야후저팬의 ID를 공통 계정으로 사용할 수 있다.

이로써 이베이의 일본 시장 재진입이 성사되었다. 이베이의 일본 시장 재진입은 전략적인 차원에서도 필요했다. 왜냐하면 이베이는 2007년 무렵부터 미국 내에서 매출과 수익에서 성장세가 둔화되고 있었으며, 한 단계 더 성장하기 위해서는 미국 외의 지역에서 수익을 창출할 필요가 있었기 때문이다.

일본 시장 재진입을 위해서는 다른 유력한 인터넷기업과 제휴하는 방안도 있었다. 그러나 이베이는 야후저팬과의 제휴를 선택했다. 아마 제휴 측면에서의 다양한 전제조건을 검토한 결과 서로의 강점을 살릴 수 있는 가장 적합한 상태라 판단했을 것이다.

그리하여 야후저팬은 인터넷경매 시장에서 위상을 더욱 확고히

했다. 앞으로 인터넷경매 시장에서 야후저팬에 도전하는 기업은 좀
처럼 나타나지 않을 것이다. 이것이 손정의가 강조하는 '풍림화산
해'의 '해'를 실현하는 것이었다.

# 손정의식 감동 프레젠테이션

## 설득하지 말고 감동시켜라

손정의식 프레젠테이션은 상대를 논리적으로 설득하는 데 주력하지 않는다. 그보다는 먼저 상대의 마음을 움직여 '이야기를 잘 들어 보도록' 분위기를 조성하는 데 주력한다. 아무리 논리적으로 설득한다 해도 들을 마음의 준비가 되어 있지 않은 상태에서는 이해시키기 어렵다. 설사 이해를 했다손 치더라도 회사로 돌아가 상사나 관련 부서와 적극적으로 조율하겠다는 마음이 들지 않으면 아무런 의미가 없다.

손정의식 프레젠테이션의 목적은 상대를 감동시키는 것이다. 프레젠테이션에 감동받은 사람은 더 이상 단순한 주주나 협상상대가 아니라 동반자가 된다. 일단 동반자가 되었다고 판단하면 그때부터는 논리적으로 이해시켜 사내 조정에도 적극적으로 나서게 한다.


## 역사적인 흐름으로 설명한다

손정의는 역사적인 흐름을 중시하는 프레젠테이션을 한다. 예를 들어 디지털 정보혁명은 농업혁명, 산업혁명에 이은 세 번째 혁명이다. 또한 컴퓨터의 진보에 대해서 '무어의 법칙'(뒷부분에서 설명)으로 설명하며 언젠가 컴퓨터가 두뇌를 초월하는 날이 올 것이라고 말했다. 이것은 손정의와 소프트뱅크가 지향하는 목표이기도 하지만, 그와 동시에 역사적으로 그렇게 될 수밖에 없음을 강조하기 위한 것이다.

이런 트렌드를 설명하기 위해 특히 매출액 추이 같은 그래프 작성에 힘을 쏟는다. 그러기 위해서는 시계열 수치에 대해 설명해야 하며, 많은 경우 우측으로 상승하는 막대그래프가 된다.

그렇지만 소프트웨어에 첨부되어 있는 도구를 사용해 자동으로 그래프를 만들어 사용하지는 않는다. 색이나 폰트가 잘 보이지 않아서가 아니라, 이렇게 만들어지는 그래프는 가로 세로 비율이 고려되어 있지 않아 메시지를 전달하기 어렵기 때문이다.

예를 들면 그래프가 상승추세라는 것을 강조하는 수단으로서 그래프 추이에 따라 화살표를 넣으면 알기 쉽게 된다. 중요한 사실은 그 그래프가 '상승추세를 그리고 있다'는 것을 정확하게 전달하고 있느냐다. 손정의의 프레젠테이션을 보면 이와 같은 그래프가 상당한 비중을 차지한다. 이것은 추세를 다면적으로 설명해 더욱 강한 인상을 주기 위해서다. 그리하여 청중은 소프트뱅크의 사업이 역사적인 흐름과 일치하면서도 성장을 계속하고 있다는 느낌을 받게 된다.

## 우뇌를 자극하는 프레젠테이션을 하라

손정의식 프레젠테이션을 직접 보지 못한 사람을 위해 설명하자면, 그의 프레젠테이션은 컨설턴트의 프레젠테이션과는 전혀 다르다. 손정의는 프레젠테이션에 기본적으로 표와 그림을 철저히 활용한다. 반면 글자는 제목과 핵심 내용을 한 줄로만 적는 것 외에는 전혀 사용하지 않는다.

컨설턴트의 프레젠테이션도 그래프와 표 등을 이용해 가능한 한 알기 쉽게 구성되어 있지만, 페이지마다 문장으로 논리적인 설명을 하고 있다.

앞서 손정의식 프레젠테이션은 사람을 논리적으로 설득하려고 하기보다는 감정을 움직이는 데 목적을 두고 있다는 점이 다르다고 했다. 실제로 먼저 설득할 상대의 감정을 움직이는 것이 논리적인 설득보다 더 중요하다.

인간의 뇌는 좌뇌와 우뇌가 역할 분담을 하고 있다. 우뇌(이미지 뇌)는 이미지·감정·상상력·영감을 관장하며, 좌뇌(언어 뇌)는 언어·논리 기능을 관장한다. 즉, 사람을 감동시키려면 우뇌를 자극해야 한다. 그리고 우뇌를 자극하려면 이미지로 호소할 필요가 있다.

예를 들어 손정의에게서 '소프트뱅크의 제휴 상대 목록을 슬라이드에 넣어라'는 지시를 받았다고 하자. 프레젠테이션 자료를 작성하면 제휴 연도를 나열하게 된다. 단순한 나열이 아니라 시간축이 들어가 있으면 그만큼 가치가 있다고 할 수 있다.

그러나 그것을 손정의에게 보여 주면 여지없이 "다시 만들라!"라는 불호령이 떨어진다. 그렇게 해서는 이미지가 순식간에 전달되지 않기 때문이다.

소프트뱅크에서는 제휴 관련 프레젠테이션을 할 때면 슬라이드 전체에 제휴 기업의 로고를 넣는 것을 기본 원칙으로 삼고 있다. 그것은 죽 보기만 해도 어떤 회사와 제휴하고 있는지 즉시 알게 하기 위해서다. 로고는 단순히 ○○주식회사라는 회사명을 나타내기보다는 일상생활에서 자주 접하기 때문에 강한 이미지를 불러일으키는 힘이 있다.

또한 연표별로 나열하게 되면 프레젠테이션을 듣는 사람이 그것을 일일이 읽어야 한다. 그만큼 정신적인 에너지가 필요하게 되며 사람에 따라서는 귀찮게 여겨 읽어 보지 않을 수도 있다. 로고를 넣은 슬라이드는 연도별 형식보다 정보량은 적지만 즉시 각인시키는 이미지의 양이 훨씬 많다.

## 프레젠테이션은 슬라이드 쇼가 아니다

프레젠테이션이 슬라이드 쇼라고 생각하는 사람도 있을 것이다. 그렇지만 손정의식 프레젠테이션에서 슬라이드 쇼가 차지하는 비중은 그다지 높지 않다.

최근 대규모 회의장에서 진행된 프레젠테이션에서 손정의는 오



*손정의 신드롬을 다시 확인한 서울 프레젠테이션 : 널리 알려져 있듯이 손정의의 프레젠테이션 능력은 소프트뱅크를 성공에 이르게 한 요인 가운데 하나로 작용했다. 주주총회 등을 하게 되면 모두 감동의 박수갈채를 쏟아진다. 때로는 감격해 울음을 터트리는 사람도 있다. 신규 사업 및 신제품발표회에 참석한 사람들은 한결같이 성공을 확신한다. 또한 손정의는 그와 같이 많은 사람이 모이는 곳뿐만 아니라 통상적인 제휴 협상 등에서도 프레젠테이션을 활용된다.

2010년 6월 20일 서울의 신라호텔 영빈관에서 열린 기자 간담회에서도 손정의는 소프트뱅크의 미래를 주제로 프레젠테이션을 했다. 다른 그룹의 총수라면 대외적인 권위를 의식해서라도 직접 프레젠테이션 하기를 삼가겠지만, 손정의는 한 시간 동안 100쪽에 가까운 자료를 넘겨 가며 직접 발표해 많은 사람의 박수갈채를 받았다. 기자회견장은 손정의 신드롬으로 후끈 달아올라 그야말로 열광의 도가니를 방불케 했다.

기자회견 자리에서 손정의는 "지금 시가총액 10위 안에 드는 기업 가운데 30년 전에도 10위 안에 있었던 기업은 없었다"며 "향후 시가총액은 200조 엔 정

도가 될 것이고 그때까지 존속하는 것뿐만 아니라 성장도 지속할 것"이라고
강조했다.

이 말에 현장에서 취재하던 기자들은 '머리'가 혼란스러웠다고 고백했다. 그
도 그럴 것이 30년 후, 300년 후라는 이야기를 난생처음 들었으니 기사로 쓰기
엔 마뜩찮았던 것이다.

이날 손정의는 원아시아를 위한 '오리엔탈 특급 프로젝트Oriental Express Project'
구상도 공개했다. 오리엔탈 특급 프로젝트란 해외진출에 한계를 느끼는
한ㆍ중ㆍ일 벤처기업들이 '하나의 아시아'로 나아가기 위한 기반이 되는 프로
젝트다. 손정의는 "오리엔탈 특급 프로젝트는 한ㆍ중ㆍ일 인터넷 그룹 회사
들이 아시아 국가로 사업을 전개시켜 나갈 수 있도록 지원하는 프로젝트"라고
언급했다.

마지막으로 손정의는 300년 후에도 영속하기 위한 기업 철학을 '정보혁명을
통해 사람의 행복을 만드는 기업'으로 정의하고 기자 간담회 동안 '행복을 위
한 기업'을 강조해 비상한 관심을 모았다.

또한 그는 "30년 후 기술발전은 사람들의 라이프스타일을 전혀 다른 차원으로
변화시킬 것"이라며, "2018년에는 컴퓨터 칩 한 개에 들어가는 트랜지스터 수
가 인간 뇌세포 수를 넘어서고 300년 후에는 10의 60배승까지 차이가 벌어질
것"이라며 "앞으로 30년, 300년간 인간이 체험할 수 있는 가장 큰 패러다임의
전환이 일어날 것으로" 예측했다.

프닝 세레모니로서 '정보통신 혁명information revolution'을 주제로 4분

분량의 동영상을 사용했다. 인상적인 음악이 흘러나오면서 중세 유

적 앞에서 검은 옷을 걸친 남자가 다음과 같은 메시지를 영어로 전

달했다.

"정보기술의 비약적인 발전이 인간에게 새로운 힘을 가져다 주었

다. 그것은 슬픔과 절망을 가시게 하고 사람과 사람이 서로 공감하

고 감동을 공유하는 기쁨의 원천이 된다."

이 동영상은 소프트뱅크의 홈페이지에서 직접 볼 수 있다. 이 비디오를 보는 것만으로도 정보통신 혁명에 공감하게 되고 그것을 추진하고 싶은 욕구가 솟구친다. 실제로 회의장에서도 웹상에서도 감동했다는 찬사가 쏟아졌다.

손정의식 프레젠테이션의 또 다른 핵심은 스피치에 있다. 슬라이드 쇼는 스피치를 보완하기 위한 자료일 뿐이다. 손정의는 슬라이드 쇼에 글자를 거의 집어넣지 않는다. 단지 그 슬라이드가 나타내는 내용만 한 줄가량 적을 뿐이다. 슬라이드 전체의 흐름과 구체적인 이야기는 스피치로 한다.

거기에는 두 가지 이유가 있다. 하나는 스피치 내용을 글자로 표현하면 생생한 현장감이 사라지기 때문이다. 글자가 있으면 아무래도 화면을 읽는 것으로 끝나 버린다. 또 한 가지 이유는 청중이 슬라이드 쇼를 읽는 데 집중하므로 스피치를 듣지 않게 되기 때문이다. 그러면 다음 단계에서 어떤 내용이 전개될지 알게 되어 공감과 감동을 불러내기가 어렵다.

## 슬라이드 작성은 혼자 하지 않는다

손정의는 혼자서 슬라이드를 작성하는 법이 없다. 기본적으로는 소프트뱅크 직원들이 슬라이드 쇼를 한 장씩 작성한다. 그럴 때도 손정의는 요점을 메모해 그것을 직원들에게 전달하는 방식을 취하지 않는다. 슬라이드 쇼를 작성하는 방법은 다음과 같다.

먼저 직원들을 모아 놓고 손정의가 프레젠테이션에서 주장하고 싶은 내용을 설명한다. 손정의는 기본적으로 이야기를 하면서 흐름을 만들어 간다. 그리고 직원들이 그 이야기에 의문사항을 제기한다.

그리하여 화이트보드에 간단한 그림, 그래프, 키워드를 계속 기록한다. 그리고 어느 정도 요점이 정리된 시점에서 화이트보드를 프린트하고 미팅을 끝낸다. 그 후에는 직원들이 밤을 새워 슬라이드 쇼를 작성한다. 다음 날 슬라이드 쇼를 보여 주면 손정의는 한 장 한 장 수정하고 추가할 뿐만 아니라 전체적인 흐름도 구성한다. 그리하여 손정의식 슬라이드 쇼가 완성된다.

이 슬라이드 쇼를 작성하는 방법의 핵심은 '혼자서 작성하지 않는다'는 데 있다. 혼자서 슬라이드 쇼를 작성하다 보면 주관적이고 독선적인 것이 되기 쉽기 때문이다. 그러면 사람들은 진정으로 납득해 자발적으로 행동하려고 하지 않는다. 슬라이드 쇼는 듣는 상대가 주체가 되어야 한다. 본질적으로는 듣는 사람의 마음속에 담겨 있는 의문과 흥미에 답하는 것이어야 한다. 다시 말해 청중은 말없이 듣기만 하지만 그들의 마음속에 있는 의견과 서로 대화를 나누게 하자는 것이 핵심이다.

그렇게 하기 위해 손정의는 먼저 자신이 강조하고 싶은 내용에 대해 직원들의 반응을 살피면서 흐름을 만든다. 그런 다음에는 직원들이 작성한 슬라이드 쇼를 청중의 입장에서 체크한다. 이렇게 하여 독선적인 이론으로 상대를 압도하는 프레젠테이션이 아니라, 슬라이드 한 장 한 장에 대해 이해할 뿐만 아니라 공감할 수 있는 프레젠테이션 완성한다. 이것이 손정의식 프레젠테이션 기법이다.

## 소프트뱅크는 게임을 개발하지 않는다

손정의는 '큰 강이 되는 플랫폼platform을 구축한다'는 독특한 원칙을 고수하고 있다. 구체적으로 몇 가지 말과 행동에 그것이 나타나 있다.

예를 들면 "평생을 쏟을 수 있는 일을 하라" "소프트뱅크는 게임을 개발하지 않는다" "플랫폼을 구축하라" "복리의 위력을 알아라" 같은 말이다. 또한 손정의 자신이 말로는 명확히 하고 있지 않지만 항상 행동으로 표현하고 있는 원칙도 있다. 그것은 "영업력은 있지만 영업을 전문으로 하는 회사는 되지 않겠다"는 것이다. 각각 표현은 다르지만 그 근저에 있는 개념은 동일하다.

IT업계의 지난 수십 년을 되돌아보면 전 세계적으로 수많은 기업이 생겨났다가 사라졌다.

한때 세계 시장을 석권했다가도 소리 없이 사라진 기업은 헤아릴 수 없을 만큼 많다. 예를 들면 인터넷보다 먼저 등장한 PC통신에서 미국 1위의 시장점유율을 구가하던 AOL<sup>American On-line</sup>, 인터넷 보급 초기에 가장 주된 브라우저였던 넷스케이프<sup>Netscape</sup> 등도 그 한 예다.

일본도 한때 IT업계의 총아로 각광받아 기업 공개를 통해 엄청난 부를 손에 넣었다가 무절제한 생활로 결국 파산한 경영자가 많다. 원래 손정의도 30여 년 전에는 'PC업계의 잘나가는 천재'라 불린 적이 있다.

그렇지만 이미 과거의 경영자가 된 사람과는 달리, 손정의는 30년에 걸쳐 서서히 지금의 소프트뱅크를 구축해 왔다. 그 차이가 바로 손정의가 지향한 '큰 강이 되는 플랫폼 구축'에 있다.

## 평생을 쏟을 수 있는 일을 하라

청년 시절 손정의가 IT기업을 지향했던 이유는 이 일이 '평생을 쏟아 부을 수 있는 일'이라고 판단했기 때문이다. IT업이 사회적으로 중요하다는 사실도 중요한 이유였지만, 그보다는 발전할 것이 확실한 업종이라는 점이 크게 작용했다.

그렇다면 어째서 손정의는 IT업계가 반드시 발전할 것이라고 인식했을까? 바로 무어의 법칙* 때문이었다.

무어의 법칙이란 컴퓨터에 쓰이는 반도체의 트랜지스터 수에 대한 경험 법칙이다. 미국의 반도체 제조회사인 인텔사의 공동 설립자인 고든 무어(Gordon Moore, 1929~ )가 1965년 IT 전문잡지인 〈일렉트로닉스Electronics〉에서 처음 발표했다. 반도체 칩 하나에 집적된 트랜지스터 수(반도체 칩의 정보 기억량)가 '18개월마다 두 배로 늘어난다'는 것이다. 다시 말해 컴퓨터의 성능은 18개월마다 두 배로 향상된다는 의미다.

이 법칙은 경험 법칙이긴 하지만 인텔이 '무어의 법칙 지키기'에 사활을 건 결과 50년이 지난 지금도 깨지지 않고 있다. 이 법칙이 유지되었기 때문에 1965년 당시의 대형 컴퓨터와 동등한 성능을 지닌



**인터넷 경제의 3원칙**

*고든 무어(Gordon Moore, 1929~ )의 무어의 법칙Moore's Law : 반도체 칩 하나에 집적된 트랜지스터 수가 '18개월마다 두 배로 늘어난다'는 법칙.

*로버트 메트칼프(Robert Metcalfe, 1946~ )의 메트칼프의 법칙Metcalfe's Law : 네트워크의 규모가 커짐에 따라 그 비용의 증가 규모는 점차 줄어들지만, 네트워크 가치는 기하급수적으로 증가한다는 법칙.

*올리버 윌리엄슨(Oliver Williamson, 1932~ )의 가치사슬을 지배하는 법칙 : 조직은 계속적으로 거래 비용이 적게 드는 쪽으로 변화한다는 법칙(1970년대)으로 내부화internalization 개념을 체계화한 이론.

노트북을 지금은 누구나가 소유할 수 있게 되었다.

손정의는 무어의 법칙을 진작부터 알고 있었다. 그리고 멀지 않은 장래에 컴퓨터가 인간의 두뇌를 초월하는 처리능력을 갖게 될 것이며, 따라서 IT업계가 영속적으로 발전하게 될 거라고 예측했다. 그리고 컴퓨터가 인간의 두뇌를 초월하는 처리능력을 지니게 되면 그 때문에 세상이 송두리째 바뀌게 될 것이라고도 예상했다.


## 한 사람의 능력에 의존하지 마라

그렇다고 해서 IT계열 사업이라면 어떤 분야를 막론하고 소프트뱅크가 나서야 한다고 생각하지도 않았다. 예를 들면 소프트웨어 회사라면 게임 개발 회사도 분명히 선택 사항이 될 수 있다. 그러나 소프트뱅크는 게임 개발 회사가 되지 않았다. 어째서일까?

손정의가 미국에서 가장 먼저 시작한 사업 역시 일본에서 인베이더 게임을 수입해 미국에 판매하는 것이었다. 또한 초기 컴퓨터 소프트웨어는 대부분 게임이었다. 손정의 자신도 프로그래밍을 공부했기 때문에 게임 개발을 하겠다고 마음먹으면 얼마든지 할 수 있었다.

그러나 손정의는 게임 개발 회사를 지향하지 않았다. 회사에 인적·물적 자원이 없었기 때문이다.

게임 개발은 게임 개발자와 프로그래머에 크게 의존하는 분야다. 마치 영화 홍행 실적이 제작자와 감독에 의존하는 것과 같다. 지금도 게임 개발 회사는 몇 명의 스타급 게임 개발자에 의지하고 있다. 바꿔 말해 만약 해당 게임 개발자가 그만둔다든지 병이라도 걸리면 회사의 존립이 위태로워진다. 또한 어떤 시기에 엄청나게 인기 있는 게임을 여러 개 개발한 전문가라 할지라도 그러한 인기를 10년 후까지 장기적으로 유지할 수 있을지는 누구도 모르는 일이다.

일단 인기 있는 게임을 개발하면 수십억 내지 수백억 원이라는 엄청난 매출이 단기간에 발생한다. 그리고 자연히 사람과 설비가 매출에 걸맞은 규모가 된다. 이것이 게임 개발 회사의 특징이다.

이와 같은 특징 때문에 히트작이 계속 나오지 않으면 결국 경영이 어려워져 타사와 합병하거나 다른 업종에 인수되는 사태가 발생한다. 이런 사정을 잘 알고 있었기 때문에, 굳이 게임 개발을 선택하지 않고 게임 중심의 소프트웨어를 유통하는 소프트뱅크를 설립했던 것이다.

소프트웨어 유통사업을 하고 있는 가운데 대박 상품이 나왔을 때는 때때로 소프트뱅크도 게임을 개발하자는 의견도 있었지만 손정의는 흔들리지 않고 소프트웨어 유통에만 전념했다.

## 플랫폼 사업에만 주력하겠다는 전략

손정의가 게임 개발 회사 대신 소프트웨어 유통을 선택한 것은 그것이 '플랫폼'이기 때문이다. 원래 소프트뱅크의 '뱅크'라는 말은 은행이 예금자에게서 돈을 예탁받아 기업에 빌려 준다는 의미다. 그러므로 소프트뱅크란 소프트웨어를 소프트웨어 개발회사에서 위탁받아 사용자들에게 판매한다는 말이 된다.

또한 손정의가 말하는 플랫폼이란 '다양한 참가자들을 연결하는 인터넷 환경'을 가리킨다. 소프트뱅크의 본업인 소프트웨어 유통도 소프트웨어 개발자와 사용자를 연결한다는 점에서는 플랫폼이다. 또한 야후저팬과 같은 포털 사업도 플랫폼이다.

포털이란 자신의 웹사이트를 보여 주고 싶어 하는 사람과 어떠한 정보를 구하고 있는 사람을 효율적으로 연결하는 관문이기 때문이다. 앞에서 언급한 옥션도 마찬가지다. 브로드밴드 사업과 휴대전화 사업도 이야기를 하고 싶은 사람들을 연결한다는 점에서 보면 당연히 플랫폼이다.

플랫폼의 가격결정 방식은 독특하다. 미시경제학에서 말하는 가격을 한계비용marginal cost에 맞추는 최적조건이 통하지 않는다. 플랫폼에는 통상 서비스나 상품을 공급하는 쪽과 소비하는 쪽이 있다. 이 중 상대방을 더 절실하게 필요로 하는 쪽에 더 많은 비용을 물리는 게 해법이다.

많은 휴대전화 회사가 가입비를 면제해 주고 통신요금을 할인해 주는 저가전략을 쓴다. 극단적으로는 아예 단말기를 무료로 제공하거나 위약금까지 지원하는 곳도 있다. 고객을 끌어들여 수익을 올리기 위해서는 유인책에 민감한 쪽에 인센티브를 제공하는 전략이 유효하기 때문이다. 그러한 측면에서 손정의는 소프트뱅크의 가입자끼리는 무료로 통화할 수 있는 서비스를 추가함으로써 플랫폼의 특성을 높여 경쟁우위를 강화하고 있다.

## 복리의 위력을 알아라

플랫폼 사업의 강점은 누적된다는 것이다. 이 점이 게임 개발 회사와는 다른 점이다. 앞서 설명한 바와 같이 게임 개발 회사에서는 어느 한 개발자가 회사를 그만두면 회사의 가치가 사라진다. 플랫폼 회사에서는 직원 한 사람이 그만두더라도 문제가 발생하지 않는다. 왜냐하면 회사가 제공하고 있는 플랫폼 자체에 가치가 있기 때문이다. 그리고 그 플랫폼은 기하급수적으로, 즉 복리로 성장해 나간다.

복리를 10년, 20년, 30년 장기적으로 놓고 보면 차이가 어마어마해진다. 예를 들면 해마다 1퍼센트씩 성장하는 A라는 회사와 10퍼센트씩 성장하는 B라는 회사가 있다고 하자. 그리고 두 회사 모두 매출액이 1억 원이라고 치자. 그러면 30년 후 과연 A사와 B사의 차이는 몇 배가 되어 있을까?

30년 후의 매출액은 A사는 1억 3,300만 원, B사는 15억 9,000만 원이 된다. 12배 가까운 차이가 생긴다. 이것이 손정의가 말하는 복리의 위력이다. 그러므로 손정의는 유한한 사람에게 의존하지 않고 장기간에 걸쳐 성장하는 플랫폼을 지향하는 것이다.

이 복리의 위력을 이해해 플랫폼 구축에 만전을 기한 결과 지금의 소프트뱅크가 존재할 수 있었다.

## 영업력은 있지만 영업을 전문으로 하는 회사는 되지 않는다

손정의는 소프트뱅크가 게임 개발 회사가 되지 않도록 컨트롤함과 동시에 영업을 하는 회사도 되지 않도록 노력하고 있다.

하지만 소프트뱅크 모바일이 계속해서 가입자 수 증가 1위를 기록하고 있는 사실만 보면, 영업력이 있는 회사로 보일 것이다. 그러나 실은 인터넷을 통한 다이렉트 마케팅 외에는 가전 소매점과 대리점을 통한 간접 마케팅에 주력하는 게 다다.

손정의 개인의 영업 능력은 탁월하다. 그의 영업 노하우를 살려 영업전문 회사를 설립할 수도 있었다. 그러나 영업을 중심으로 하면 역시 장기적인 측면에서 복리를 실현하기가 힘들다.

제1종 통신사업자가 시장에 진입해 고객유치 경쟁이 치열해졌을 때, 휴대전화 번호이동이 시작되었다. 이 경우처럼 어떤 비즈니스 아이템을 판매하는 흐름이 일어나면 매출이 크게 늘어난다. 그러나 그 흐름이 지나가면 다른 비즈니스 아이템을 발굴해 판매해야 한다. 그렇게 하지 못하면 규모를 축소해야 한다. 이와 같이 흐름에 좌우되는 영업 방식과 플랫폼을 구축해 장기간에 걸쳐 복리로 성장해 나가는 방식을 비교하면 결과는 천양지차다.

다른 기업과 마찬가지로 소프트뱅크에서도 영업 부문은 스포트라이트를 받는 인기부서이긴 하지만, 어디까지나 영업활동은 소매점과 대리점을 활용하여 효율성을 추구하는 방식을 취하고 있다.

## 큰 강이 되는 플랫폼이란?

지금까지 설명한 '평생을 쏟을 수 있는 일을 하라' '소프트뱅크는 게임을 개발하지 않는다' '플랫폼을 구축하라' '복리의 위력을 알아라'라는 말은 모두 '큰 강이 되는 플랫폼'을 지향하는 손정의의 원칙이다.

큰 강도 처음 시작되는 발원지는 아주 작은 흐름에 불과하다. 그러나 결코 물줄기가 끊기거나 거꾸로 흐르지 않고 바다를 향해 흐른다. 물이 높은 곳에서 낮은 곳으로 흐르는 것은 대자연의 법칙이다. 대자연의 법칙을 거스르면 호수가 되어 멈추게 되거나 도중에 끊겨

버린다. 대자연의 법칙에 따라 흐르는 큰 강은 다른 물줄기를 모아

점차 커져 간다. 이것이 손정의가 지향하는 플랫폼의 의미다.

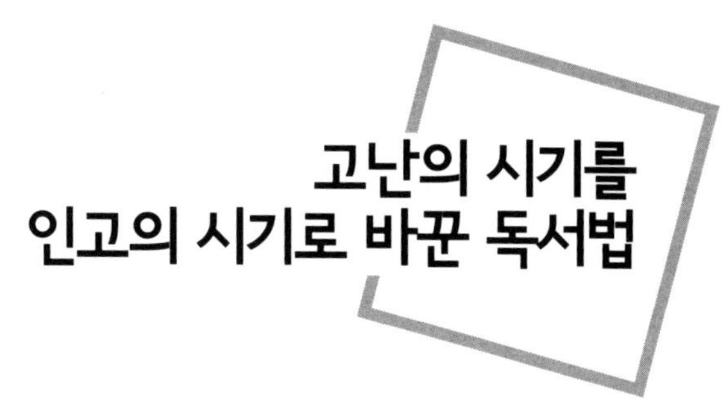


## 책만 읽었던 투병 시절

손정의는 20대 후반 약 3년 동안 간염 때문에 병상에서 지냈다. 당시 간염은 근본적인 치료법이 없어 대중요법*을 하면서 가능한 한 안정을 취할 수밖에 없었다. 그 때문에 손정의는 입원을 하자마자 사장에서 회장으로 일선에서 물러났다. 당시 찾아온 병마는 그에게 커다란 좌절감을 안겨 주었지만 동시에 그는 이 시기를 통해 몸과 마음을 충전했다. 특히 손정의는 독서에 심취했다.

손정의는 투병생활 중에도 전화와 PC를 들고 업무를 처리했으며, 동시에 소설 · 고전 · 경영학 · 비즈니스 서적 등을 수천 권 독파했

---

*대중요법symptomatic treatment : 병의 원인을 제거하기 위한 직접적 치료법과는 달리 증상을 완화하기 위한 치료법.

다. 예를 들면 손의 제곱병법의 원 소스인 《손자병법》을 다른 관점에서 해석한 책만 해도 열 권 이상 읽었다.

또한 그가 과거에 감명 깊게 읽었던 책을 반복해서 읽었다. 그중 시바 료타로의 《료마가 간다》는 앞에서 언급했듯이 손정의의 인생을 크게 바꾼 책이다. 이 책을 두 번째 읽을 때는 읽는 방법이 조금 달랐다.

즉, 10대 때 처음 읽었을 당시에는 어디까지나 사카모토 료마가 새로운 일본을 건설하기 위해 전진한다는 측면에 주목했다. 그러나 20대 후반에 다시 읽을 때는 사카모토가 큰일을 이루기 위해 스스로 각오를 다지는 부분에서 감명을 받았다. 료마는 자신이 속해 있던 영지인 도사번*을 이탈한 탓에 남아 있는 가족들에게 커다란 고통을 주었다. 당시 번을 이탈하는 것은 엄청난 죄였다. 《료마가 간다》에서 누나인 에이는 료마의 번 이탈을 도운 죄로 자결을 강요당한다. 료마는 결과를 어느 정도 예상했으나 그것을 감수하면서까지 앞으로 나아가고자 했다. 손정의는 이 부분에서 감명을 받았다(사카모토 료마에 관한 사료 연구 결과, 이 일화는 사실이 아닐 가능성이 있다 하여, 드라마 등에서도 생략되는 경우가 많다).

손정의는 많은 책을 읽었을 뿐만 아니라 동시에 심도 있게 여러

---

*번藩 : 에도시대(1603~1867) 때부터 사용된 행정구역을 표시하는 단위로, 도사번土佐藩은 지금의 고치현에 해당한다.

번 반복해서 읽음으로써 다양한 지식을 습득했다. 그러한 결과가 '손의 제곱병법'으로 결실을 맺어 그의 경영철학의 근간이 되었다.

여기서는 손정의가 읽은 책 가운데서 필자가 소프트뱅크의 사장실에서 근무할 때 손정의가 필자에게 권한 책과, 그 후 전 사원들에게 권한 책을 위주로 소개하기로 한다. 일반적으로 널리 알려진 책은 아니지만 지금의 손정의를 있게 한 명저라고 생각한다. 지금도 소프트뱅크 사장실 책장에는 이 책들이 꽂혀 있다.

## 《사랑은 뇌를 활성화한다》-컴퓨터의 가능성을 역설

먼저 1996년에 출간된 《사랑은 뇌를 활성화한다愛は脳を活性化する》(이와나미서점)라는 책이다. 저자는 도쿄대학 이학부와 이화학연구소에서 연구하던 마쓰모토 겐(松本元, 1940~2003)이라는 뇌과학자다. 안타깝게도 2003년 작고했다.

마쓰모토 겐은 인간의 뇌 구조를 규명하는 데 연구 목적을 두었다. 그와 동시에 두뇌형 컴퓨터 개발에 주력했다. 그는 정보처리 시스템으로서 인간의 두뇌를 완벽하게 이해할 수 있으면 동일한 원리를 컴퓨터에 적용할 수 있으며, 따라서 인간의 두뇌와 동일한 기능을 하는 두뇌형 컴퓨터를 개발할 수 있다고 확신했다.

손정의는 마쓰모토 겐의 저서를 읽은 것으로 끝내지 않았다. 심지어 한때는 손정의를 비롯한 소프트뱅크 직원들이 마쓰모토 겐의 이화학연구소에 매일 출근하다시피 했다.

그의 연구는 먼저 화살오징어를 장기 사육하는 것에서 시작됐다. 화살오징어의 거대신경세포(축색)가 특히 커 관찰하기에 적합했기 때문이다. 그러나 당시 화살오징어를 장기 사육하는 일은 불가능한 것으로 여겨졌다. 오징어가 수조에 장기간 갇혀 있으면 스트레스를 받아 이리저리 헤집고 다니다 수조에 부딪혀 상처를 입어 죽는다고 봤던 것이다.

그러나 마쓰모토 겐은 이런 선입견에 사로잡히지 않고 문제는 환경에 있을 거라고 여겼다. 그리고 오징어가 죽게 되는 진짜 원인은 암모니아의 농도 때문이라는 사실을 규명했다. 그래서 암모니아 농도를 낮추기 위해 물을 여과하는 필터에 암모니아 분해균을 집어넣음으로써 세계 최초로 장기 사육에 성공했다.

그리하여 거대신경세포를 쉽게 대량으로 확보해 관찰할 수 있게 된 마쓰모토 겐은 신경세포의 기능을 분자 수준부터 규명했다.

또한 뇌의 움직임에 관여하는 수많은 뇌세포를 한꺼번에 관찰할 필요가 있었다. 당시에는 고작해야 수백 곳이 한계였지만, 마쓰모토 겐은 쥐 뇌의 막전위membrane potential(세포 내외 액 사이의 전위차)를 16,384곳이나 측정할 수 있는 시스템을 개발해 쥐의 뇌 구조를 밝혀냈다.

마침내 마쓰모토 겐은 뇌의 특성에 대해 다음과 같이 결론을 내렸다.

"인간의 뇌는 태어날 때부터 다양한 경험을 통해 학습하면서 성장한다. 또한 인간의 뇌 역시 스스로의 의사와 가치판단에 입각해 학습한다."

이와 같은 뇌의 구조는 지금 우리가 사용하고 있는 컴퓨터와는 상당히 다르다. 컴퓨터는 설치한 프로그램대로 작동한다. 그러나 인간의 뇌는 최초 상황에서도 어떤 행동을 일으키고 학습할 수 있다. 이러한 인간의 뇌와 동일한 기능을 하는 컴퓨터를 개발하는 것이 마쓰모토 겐이 지향했던 목표다. 그리고 이러한 뇌의 기능은 '사랑'에 의해 활성화된다고 하는 것이 《사랑은 뇌를 활성화한다》라는 책의 주된 내용이다.

마쓰모토 겐의 저서는 손정의의 경영철학에 지대한 영향을 미쳤다. 예를 들면 '소프트 뱅크 신 30년 비전' 발표회에서도, 그리고 서울의 기자 간담회에서도 손정의는 장차 인간의 뇌를 초월하는 컴퓨터가 나타날 거라고 강력하게 주장했다.

또한 경영관리기법management에도 상당한 영향을 미쳤다. 손정의는 일일 목표수치를 명확히 할 것을 요구했다. 그것은 그러한 목표를 지님으로써 실제 실적과 비교해 그 차이를 반드시 메워야 한다고 여기도록 하기 위해서였다. 그와 같은 손정의의 경영관리기법은 '인간의 뇌는 스스로의 의사와 가치판단에 입각해 학습한다'는 마쓰모토 겐의 말에서 영향을 받은 것이다. 또한 손정의의 발명 기법이 '사물의 요소를 무작위로 연결하는 구조'였다는 사실은 마쓰모토 겐이 설명하는 뇌의 구조와 닮은 구석이 있다.

## 《인사부 직원이 알려 주는 회계지식》-기업경영의 본질을 이해한다

1979년에 출간된《인사부 직원이 알려 주는 회계지식人事屋が書いた 經理の本》(교와발효공업주식회사, 소텍사)은 2009년 시점에서 약 144판을 기록했으며 지금도 꾸준히 팔리고 있는 초장기 베스트셀러다. 특이하게도 교와발효공업*이라는 회사의 인사부 직원이 사내연수용으로 작성한 자료가 책으로 발간된 것이다. 필자가 사장실에 배치되었을 때 손정의가 직접 권한 책이기도 하다.

원래는 소니가 비즈니스게임을 응용해 1979년에 개발한 MG*라

경영 상식

*교와발효공업協和醱酵工業 : 1949년에 설립된 회사로 바이오케미컬·의약품·화학·식품사업 등을 펼쳤다. 일본 내에서는 '바이오의 교와핫코'라는 명칭으로 널리 알려져 있었다. 예전에 주력으로 삼았던 주류사업을 강화하기 위해 아사히맥주와 공동으로 '아사히 교와 주류'를 설립해 공동 경영하다가 2002년 아사히맥주에 매각됐다. 2008년 10월 기린제약과 합병, 회사명을 '교와핫코기린'으로 변경했다.

부르는 기업연수 프로그램의 일부를 회계지식으로 체계적으로 설명한 것이다. MG는 경영감각과 회계학을 배우기 위해 지금도 많은 기업에서 실시하고 있다.

게임 참가자들은 스스로 최고경영자가 되어 각 분기에 설비투자·인재육성·연구개발 등 다양한 활동을 한다. 그리고 분기가 끝나면 스스로 결산을 한다. 손정의 자신도 젊은 시절 이 MG연수에 참가해 경영과 회계를 배웠다.

이 책은 회계가 무엇인지 실례를 들어 쉽게 설명하고 있어 회계에 관한 전반적인 이해에 도움이 된다. 특히 이 책에서 강조하는 것은 손익분기점을 고정비와 변동비로 나누어 관리하는 것의 중요성이다. 이것은 손정의식 경영방침의 일부로 흡수되었을 뿐만 아니라 소

**경영 상식**

**＊MG**management game**의 흐름도**

| 회사 설립 | –게임판, 카드, 팽이를 사용하는 원탁게임으로, 참가자들은 각자 최고경영자가 되어 회사를 설립하는 것부터 시작한다. |
| 게임 시작 | –각각 모두 동일한 자본금으로 경영을 한다.<br>–게임판에서 뽑은 카드의 지시에 따라 종업원 채용, 설비투자, 재료 구매, 생산, 판매 등에 대해 의사결정을 한다.<br>–분기 말에 손익계산서와 대차대조표를 작성해 경영평가를 한다. |
| 게임 종료·결산 | –그 분석성과를 토대로 차기 전략을 수립한다.<br>–이와 같은 일련의 과정을 거치는 동시에 강의와 해설을 곁들여 더욱 이해를 깊이 하고 분석능력을 높인다. |
| 3~4회 반복 | –이 게임을 3~4회 반복하여 다양한 경영감각을 기를 수 있다. |

프트뱅크 경영관리의 핵심이기도 하다. 경영자와 경영간부뿐만 아니라 기업경영의 본질을 이해할 수 있다는 점에서 일반 사원에게도 유익한 책이다.


## 《팔리는 광고에 도전한다》-소프트뱅크가 강한 이유

《팔리는 광고에 도전한다賣る廣告への挑戰》(레스터 원더맨, 덴쓰우電通)는 원래 1998년에 출간되었는데, 2006년 개정되어《원더맨의 팔리는 광고Being Direct: Making Advertising Pay》로 출간되었다. 레스터 원더맨(Lester Wunderman, 1920~ )은 소비자에게 직접 소구해 구매행위를 일으키게 하는 다이렉트 마케팅direct marketing의 대가로 불린다.

이 책은 원더맨이 다이렉트 마케팅에 관여했던 1937년부터 반평생에 걸쳐 경험한 내용을 언급하면서 다이렉트 마케팅의 기본에 대해 설명한다.

손정의는 이 책을 브로드밴드 사업을 시작하던 시기에 모든 직원들에게 나눠 줬다. 그때 소프트뱅크는 브로드밴드 회선을 판매하는데 집중하고 있었다. 그러나 타사와 치열한 경쟁을 하는 과정에서 신규 고객을 유치하기 위해 투입하는 고객획득 비용이 증가하고 있었다. 손정의는 모든 직원들에게 이 책을 읽도록 권해 고객획득 비용을 낮춤과 동시에 고객획득 목표수치를 달성할 수 있는 방법을 검토하게 했다.

그 덕에 소프트뱅크는 브로드밴드 사업에서 확고한 위상을 구축하게 되었다. 또한 그때 습득했던 영업 노하우는 브로드밴드 사업뿐만 아니라 그 후 소프트뱅크 모바일이 급성장하게 된 중요한 요인이 되었다.

이 책에서 원더맨의 마케팅 개념은 '성공하는 다이렉트 마케팅의 19가지 원칙'*으로 정리되어 있다. 그 가운데 몇 가지를 소개한다.

19가지 원칙 가운데 6번째 원칙은 '다음 단계 : 이익을 창출하는 광고'이다. 이 원칙은 다음과 같이 정리할 수 있다.

"광고를 이미지로 여겨 광고의 성과를 막연하게 측정해서는 안 된다. 그것은 점차 측정 가능하도록 되어 있으나 즉시 측정해야 한다. 광고는 호감을 만들어 낼 뿐만 아니라 이익을 얻기 위한 투자가 되어야 한다."

이 원칙은 인터넷과 시스템이 보급되어 있는 현 시대에 더욱 들어맞는 말이다.

또한 손정의가 강조하는 '모든 것을 수치로 이행한다'는 경영방침과도 일치한다. 실제로 브로드밴드 사업과 휴대전화 사업에서 이 원칙을 철저히 적용, 고객 1인당 획득비용을 판매경로별로 관리하고 있다. 그리고 판매경로 중에서도 어떤 마케팅 방법, 어떤 마케팅 도구의 반응이 좋았는지도 파악하고 있다. 그야말로 6번째 원칙대로

**＊성공하는 다이렉트 마케팅의 19가지 원칙 :**

1. 다이렉트마케팅은 전술이 아니라 전략이다.
2. 주역은 제품이 아니라 소비자가 되어야 한다.
3. 개별 고객 및 가망고객을 유일한 청중으로 삼고서 소통하라.
4. 고객의 '내가 왜 그래야 하는가?'라는 질문에 답변할 수 있어야 한다.
5. 광고는 소비자의 인식 · 태도뿐만 아니라, 행동까지 바꿔야 한다.
6. 다음 단계: 이익을 창출하는 광고.
7. '브랜드 체험'을 하게 하라.
8. 고객관계를 창출하라.
9. 개별 고객의 고객생애가치를 파악한 다음 투자하라.
10. '잠재고객'은 '가망고객'이 아니다.
11. 미디어는 접촉전략contact strategy이다.
12. 고객에 접근할 수 있도록 하라.
13. 용기를 내서 쌍방향 대화를 시도하라.
14. '언제'라는 말을 입에 달고 다녀라.
15. 광고 매뉴얼을 작성하라.
16. 충성심을 높인다는 목표의식을 가지고 고객을 확보하라.
17. 충성심은 지속적인 프로그램이다.
18. 시장점유율의 획득보다는 충성고객의 점유율 확대가 수익을 창출한다.
19. 당신의 가치는 당신이 지니고 있는 지식의 양에 의해 결정된다.

실행하고 있는 셈이다.

9번째 원칙 '개별 고객의 고객생애가치customer lifetime value를 파악한 다음 투자하라'는 다음과 같은 뜻이다.

"제품 및 서비스를 판매한다면 평생토록 충실한 고객을 창출하기 위해 비용을 어떻게 투입할 것인지 파악해야 한다."

잘 알다시피 고객생애가치란 고객이 한 기업의 제품 또는 서비스를 최초로 구매한 날로부터 거래를 마치는 날까지 공헌한 순이익 가치를 의미한다. 일반적으로 기업은 신규 고객을 확보하기 위해 다양한 마케팅 활동에 많은 비용을 투입한다. 때문에 1회 구매를 넘어선 장기적인 관계 유지를 통해 고객생애가치를 높이지 않는 한 성공적으로 비즈니스를 이끌어 가기가 쉽지 않다. 고객생애가치를 높이기 위해서는 고객과 기업 간에 강한 유대관계가 필요하다.

실제로 소프트뱅크는 판매경로별 및 판매방법별로 고객 1인당 획득비용을 파악할 뿐만 아니라, 판매경로별 및 판매방법별로도 고객생애가치를 산출하고 있다. 그리고 그 고객생애가치를 극대화하기 위해 새로운 부가서비스를 제공하고 있으며, 서비스 해약률을 낮추기 위해 다양한 궁리를 하고 있다.

마지막 19번째 원칙은 '당신의 가치는 당신이 지니고 있는 지식의 양에 의해 결정된다'이다. 이 원칙은 다음과 같이 정리할 수 있다.

"데이터를 수집하는 데는 비용이 따르는데, 그렇게 해서라도 지식을 획득할 수 있으면 더할 나위 없이 좋다. 정보가 될 수 있는 데이터 수집이 장차 지식으로 승화된다. 지식을 습득함으로써 비로소 성공을 보장받고 실패를 최소화할 수 있다. 기업의 존재가치는 자신이 지니고 있는 지식의 범위와 정비례한다."

손정의는 이 원칙을 절대적으로 수용했다.

이 원칙에 따르면 데이터를 수집할 수 있으면 비록 실패했어도 의미가 있다. 예를 들어 어떤 판매방법이 기대한 만큼의 결과를 내지 않았더라도 그 결과를 상세히 분석하면 어느 부분에서는 장점을 찾아낼 수 있어 의미가 있다. 최악의 경우 전혀 기대에 미치지 못하더라도 다음에는 더욱 개선된 방법을 적용할 수 있는 기틀이 된다는 것이다. 이러한 과정을 반복하다 보면 결국 수익을 창출하는 최상의 방법을 찾아내게 된다.

소프트뱅크의 브로드밴드와 휴대전화 분야의 영업력은 단지 현장 영업력이 아니다. 책에 제시된 원칙을 따라 한 지난 10년 동안 축적한 방대한 데이터가 지금의 휴대전화 사업으로 결실을 맺은 것이다.


## 세 권의 책에서 찾을 수 있는 공통점

이 세 권의 책은 모두 한 번 읽고 마는 교양서적이 아니다. 어떤 면에서 보면 이 책들은 모두 손정의 자신이 해결해야 할 과제와 밀접하게 관련되어 있다. 동시에 사람 뇌의 모습, 기업경영의 본질, 고객과 기업의 관계 등 경영의 본질적인 문제와도 직결되어 있다. 세 권 모두 비즈니스 서적으로서 오랫동안 많은 사람의 사랑을 받고 있는 비결일 것이다.

그런데 비즈니스 서적 중에는 몇 년 지나면 읽을 가치가 사라지는 책도 많다. 그러나 이 세 권은 시대가 변해 인터넷 시대가 되었어도 책의 본질을 그대로 간직하고 있다. 이런 이유로 손정의는 이 책들을 항상 가까이 두고 읽었으며, 직원들에게도 정독하기를 권한 것이다.

# 손정의식 속전속결 기법

## 10초 생각해서 모르면 아무리 생각해도 헛수고

손정의가 어떤 안건에 대해 직원에게 진척 상황을 물었을 때 "검토 중입니다"라고 대답하면 그 직원은 호되게 질책받는다. 두말할여지 없이 손정의는 "검토 중이라니 무슨 말을 하는가? 대략 10초 생각해서 모르면 아무리 생각해도 헛수고다. 지금 즉시 결론을 내리든지, 아니면 대안을 제시해!"라고 말한다.

그 때문에 소프트뱅크그룹에서는 지금도 '검토 중'이라는 말을 거의 쓰지 않는다. 예외적으로 허용될 때는 어떤 실험에 대한 결과를 기다리고 있는 상태 등과 같이 다음 단계가 명확하지 않을 경우뿐이다.

어느 회사든 사업 진척에 대해 "이 건은 검토 중입니다"라고 보고

하는 게 일상화되어 있다. 그러나 곰곰이 생각해 보면 대부분의 경우 검토 중이라는 말은 자신이 생각하는 것을 그만뒀거나, 상사나 관련 부서조차 생각하고 있지 않는 경우에 쓰기 편한 말이다.

일단 어떤 기준에서 평가할 것인지 우선순위가 정해지면 나중에는 필요한 정보만 취합하면 충분히 의사결정을 할 수 있다. 예를 들어 업무시스템화의 우선순위를 정하는 문제라면 먼저 사내업무를 몇 개 항목으로 분류한 후에 각각의 분류 항목마다 인건비를 산출하면 우선순위는 당연히 인건비가 많은 순으로 정해진다.

그러므로 어떤 기준에서 평가할 것인지를 생각하면 10초 안에 결론이 나오게 되어 있다. 다시 말해 검토 중이라는 말은 제대로 된 기준을 가지고 '검토하지 못하고 있음'을 의미하는 말이나 다름없다.

또한 타 부서와의 조율이 완료되지 않으면 소프트뱅크에서는 그 자리에 참석해 있는 해당 부서의 책임자와 조율을 하든지, 아니면 문제를 명확히 하여 회의 종료 후에라도 즉시 해결해야 한다.

그런데 일단 기준을 정했더라도 그 기준을 충족할 수 있을지 알 수 없는 경우가 있다. 앞에서 언급한 예에서 보면, 각 업무의 실제 인건비에 대한 데이터를 수집하지 않았기 때문에 지금부터 데이터를 수집하는 경우다. 그럴 경우에도 어떤 데이터가 필요한지 알고 있으면 "검토 중입니다"가 아니라 "데이터 회신 대기 중입니다"라고 대답해야 한다.

또한 손정의는 구성원들에게 요구만 하지 않는다. 10초라는 짧은 시간 동안의 판단을 스스로도 실천하고 있다. 만약 판단을 내리는 데 필요한 데이터가 있으면 직원들에게 물어보고, 또한 정확한 데이터가 나오지 않으면 그 자리에서 그것에 대해 알고 있는 사람에게 전화를 건다.

## 10초가 지나면 손정의를 설득할 수 없다

그 때문에 소프트뱅크 직원들은 손정의에게 무엇을 설명할 때는 반드시 처음 10초 동안에 결론을 내린다. 그러므로 말을 꺼내게 될 첫 마디에 대해 많은 생각을 한다. 만약 요령 없이 설명을 하면 "결론부터 말해, 요점이 뭐야?"라는 지적을 받는다. 그렇다고 해서 이유도 없이 갑자기 결론만 말하면 "어째서 그렇지?"라는 식으로 추궁당한다. A4 1장으로 간단하게 요약해 "3가지 안으로 작성했는데, 비용이 가장 저렴할 뿐만 아니라 리스크도 낮기 때문에 A안을 채택하고 싶습니다." 등으로 한마디로 분명히 말하는 것이 가장 좋다.

엘리베이터 토크elevator talk라는 말이 있다. 이는 실리콘밸리의 벤처 기업가들이 투자자들을 설득할 때 사용하는 대화기법이다. 우연히 투자자와 엘리베이터를 같이 타게 되면 엘리베이터에서 내릴 때까지 자신이 제안한 안건에 대해 투자하도록 설득할 수밖에 없다. 다시 말해 일정이 바쁜 사람에게 엘리베이터를 타고 있는 30초 동안에 핵심만 설명하고 답을 받아 내야 한다. 그러기 위해서는 가능한 한 이야기를 간단하게 하는 동시에 결론과 이유를 정확하게 설명하는 것이 중요하다. 손정의에게 보고할 때도 이처럼 해야 한다.

## 결정하지 않는 불쾌함을 인내하라

그렇다고 해서 손정의가 무엇이든 빨리 결정하는 것은 아니다. 반대로 결정하지 않은 채 제자리 상태에 머물러 있기도 한다. 결정하는 데 필요한 정보량이 충분하지 않을 때다.

손정의는 상대방과 협상에 들어가면 끈기 있게 버틴다. 예를 들어 어떤 기기를 A사와 B사 어느 한 곳에서 구매하기 위해 협상하고 있다고 하자. 납품 시기는 12월이고, 계약 체결은 10월 말까지다. 당연히 담당자는 손정의가 10월 말까지 결정해 주기를 학수고대한다. 게다가 그런 상황이 되면 담당자는 A사와 B사 양쪽으로부터 빗발치는 재촉에 몸살을 앓는다. 두 회사 모두 12월 말이라는 납기일에 맞추려면 부품 조달 등의 계획을 세울 시간이 필요하기 때문이다.

그렇지만 손정의는 좀처럼 결정하지 않는다. 게다가 A사와 B사가 제시한 조건 중에서 충족되지 않는 부분이 있으면 담당자에게 두 회사와 협상을 계속하게 한다.

이런 상황에 닥치면 납품 시기가 걱정되어 어느 한쪽으로 서둘러 결정하는 경우가 많다. 무엇보다 담당자는 두 회사를 동시에 상대해야 하는 고통에서 벗어나고 싶어 한다. '결정하지 않는 불쾌함'을 인내하지 못하는 것이다. 그러나 손정의는 자신에게도 직원들에게도 그렇게 하는 것을 허락하지 않는다.

다시 말해 손정의는 상대방과 협상을 하게 되면 한계에 이를 때까지 결정하지 않는다. 오히려 그렇게 함으로써 더 나은 대안을 선택할 수 있는 가능성이 많아진다는 사실을 알고 있다. 탁월한 경영자는 결정해야 할 때는 신속하게 하지만, 오히려 결정하지 않아야 할 때는 '결정하지 않는 불쾌함'을 인내하면서 기다릴 줄 안다.

## 채용 기준은 반짝이는 눈동자

최근 소프트뱅크는 인재사관학교가 되었다는 말을 자주 듣는다. 확실히 필자가 다른 IT기업을 방문하면 "전에 소프트뱅크에서 일했습니다"라고 말하는 간부급 사원을 만나는 일이 많아지고 있다. 컨설팅 회사로 전직해 컨설턴트로 활동하고 있는 사람도 있다. 심지어 온라인게임 개발회사인 아에리아Aeria 등, 소프트뱅크 직원으로 근무하다가 독립해 기업을 공개한 최고경영자도 있다. 이는 소프트뱅크 출신 인재들이 사회적으로도 인정을 받게 되었다는 증거이기도 하다.

그러나 소프트뱅크 출신 인재들이 높은 평가를 받게 된 것은 10년 전인 2000년 무렵부터였다. 그 전까지만 하더라도 소프트뱅크는 인재를 확보하지 못해 엄청난 인력난을 겪었다. 소프트뱅크를 설립할 때, 손정의가 귤상자 위에 올라가 "향후 소프트뱅크는 1조, 2조 되는 매출을 기록하는 기업이 될 것이다"라고 선언하자 아르바이트 직원 두 사람이 터무니없다고 여겨 회사를 그만뒀다는 이야기는 앞에서 언급했는데, 그 후에도 유능한 인재가 전혀 모이지 않았다. 그런 상황에서도 손정의는 학력·경력 등을 전혀 따지지 않고 인력을 채용했다. 채용할 때는 '눈동자가 반짝이고 있는지'를 기준으로 삼았다.

2001년 브로드밴드 사업을 시작했을 때도 마찬가지였다. 그때 손정의는 부서 및 담당업무와 관계없이 손이 비어 있는 직원 100명을 추려 내 그날 오후 5시에 무조건 회의실에 모이라는 지시를 인사부장에게 내렸다. 그리고 영문도 모르고 모인 100명을 세워 놓고 접이의자 위에 올라가 "지금부터 소프트뱅크는 브로드밴드 사업을 시작합니다. 이제 제2의 창업입니다. 여러분들은 이 사업에 동참하게 되었으므로 책상 위에 명함을 모두 올려놓고 집으로 돌아가십시오"라고 말했다. 그리고 명함을 올려놓고 돌아간 100명의 직원이 브로드밴드 사업을 추진하는 선발대가 되었다. 이와 같이 소프트뱅크는 인재를 수용하기 위해 문호를 활짝 개방했다.

## 인재는 거래처에서 스카우트한다

소프트뱅크는 항상 새로운 분야의 사업에 진출했다. 그러다 보니 그러한 사업에 필요한 인력을 사업의 성장속도에 맞춰 충분히 확보하지 못했다. 그러나 손정의는 헤드헌팅 회사를 통한 간부급 사원 채용은 전혀 시도하지 않았다. 그 대신 거래처의 우수한 담당자를 주로 채용했다.

1995년부터 소프트뱅크의 상무이사를 역임했던 기타오 요시타카(北尾吉孝, 1951~ ) 현 SBI홀딩스 CEO 역시 노무라 증권의 사업법인3부 부장으로 있을 때 소프트뱅크를 담당했다. 그는 미국의 컴덱스 인수를 추진하면서 손정의와 인연을 맺어 소프트뱅크에 입사했다. 참고로 금융지주회사인 SBI홀딩스는 원래 소프트뱅크의 자회사로 설립되었기 때문에 처음에는 상호를 'SoftBank Investment'의 약자로 썼지만, 그 후 주식매각을 통해 동 그룹과 분리되자 'Strategic Business Innovator'의 약자를 사용하고 있다.

특히 브로드밴드 사업을 시작할 때 인력이 엄청나게 부족했다. 그 때문에 네트워크기기 회사와 통신설비 회사로부터 많은 인력을 파견 형태로 지원받았다. 일본의 통신업계와 IT업계에서는 대형 안건이 생기면 인력이 거래처에 상주하는 것이 관행이다. 손정의는 그러한 인력 중에서 특히 뛰어난 인재를 스카우트했다.

때문에 스카우트된 직원이 원래 근무하던 회사와 심한 마찰을 빚는 경우도 있었다. 그러나 손정의는 그 회사와도 원만하게 조율했다. 조정은 본인이 직접 하는 경우도 있지만 회사 대 회사 차원에서 하는 경우도 있다.

상대 기업도 앞으로도 계속해서 수주를 받을 수 있는 가능성이 커지게 되므로 완강하게 거부할 수만은 없다. 물론 표면적으로는 "곤란합니다. 앞으로는 절대 그러지 마십시오" 라는 식으로 다짐을 받기도 한다.


## 손정의식 인재 선발법

손정의는 눈동자가 반짝인다는 이유만으로 인력을 채용하고, 때로는 영문도 모른 채 우연히 모인 100명의 직원을 데리고 사업을 시작했으며, 거래처에서 사람을 스카우트해 채용했다. 그럼에도 사업은 궤도에 올라섰다. 이는 손정의 나름대로 독특한 인재선발법이 있었기 때문에 가능했다.

손정의가 인재를 선발할 때는 철저히 실적을 따진다. 소프트뱅크는 전사적으로 '1,000개 노크'라 불리는 일일관리시스템을 도입했다. 이른바 대기업처럼 조직에만 매달려 있을 수 있는 구조가 아니다. 그 때문에 모든 구성원들에게 항상 회사에 철저히 기여할 것을 요구하고 있다.

그러다 보면 사원급이라 할지라도 회사에서 성과를 내는 사람과 그렇지 못한 사람이 명확하게 구분된다. 그리고 소프트뱅크에 맞는 직원은 자연히 남게 되지만 그렇지 못한 사람은 회사 밖으로 밀려나게 된다.

또한 간부급 사원 정도 되면 손정의와 같은 속도로 논의하면서 사업을 진행할 수 있어야 한다. 인수한 기업의 간부급 사원 중에는 손정의의 질문에 즉시 반응하지 못해 "검토한 다음 보고하겠습니다"처럼 답변하는 사람도 있다. 회사에 따라서는 최고경영자의 질문에 간부급 사원이 즉시 답변하지 못하는 것에 대해 넘어가기도 하지만, 소프트뱅크에선 그와 같은 답변은 있을 수 없다. 간부급 사원이 즉시 답변하지 못하면 손정의는 그의 부하직원인 담당자에게 그 자리에서 전화를 건다. 대부분의 경우 담당자는 정확하게 답변한다. 그러면 손정의는 그에게 다음 회의 때부터 참석하도록 지시한다.

그리하여 손정의의 질문에 명쾌하게 답변하지 못한 간부급 사원은 설 자리가 없어진다. 그러는 가운데 간부급 사원은 소프트뱅크에서는 자신이 존재할 가치가 없다는 사실을 깨닫고 떠나게 된다. 다시 말해 손정의는 부하직원이 만들어 준 편안한 가마 위에 걸터앉아 있기만 하는 간부급 사원에 대해서는 단호하게 대처한다.

이와 같은 관점에서 바라보면 어째서 손정의가 헤드헌팅 회사를 통해 간부급 사원을 채용하지 않는지 그 이유를 알 수 있다. 헤드헌팅 회사가 보여 주는 이력서는 매우 매력적이다. 그러나 소프트뱅크 직원으로서 활약할 수 있는지는 이력서만으로는 절대 판단할 수 없다. 또한 면접을 해보면 누구나 영업능력과 전문지식도 갖추고 있고 커뮤니케이션 능력도 탁월하며 의욕이 넘치는 우수한 인재처럼 보인다. 그러나 현실적으로 간부급 사원으로서 소프트뱅크에서 능력을 제대로 발휘할지는 알 수 없다. 그것은 그 사람이 그때까지 근무했던 기업과의 문화적인 차이도 있지만 이른바 소프트뱅크와의 궁합 같은 게 있기 때문이다.

만약 소프트뱅크에 맞지 않는 인력을 간부급 사원으로 발탁하면 사업을 진행하는 데 큰 차질이 생길 뿐만 아니라 본인에게도 엄청난 불행일 수밖에 없다.

그러한 사태를 피하기 위해서라도 신규 사업을 진행하는 과정에서 손정의와 호흡을 맞춰 본 경험이 있고 동시에 탁월한 능력을 발휘하는 거래처 인재를 영입하는 방식을 취하고 있다.

## 리스크를 취해 조직을 움직인다

손정의가 조직을 움직이는 방법 또한 독특하다. 손정의는 사업에 따라오는 리스크에 대해서는 자신이 직접 책임을 진다. 예를 들어 브로드밴드 사업을 시작할 때 해외 제조회사에 모뎀 100만 대를 발주한 적이 있다. 그 정도는 소프트뱅크에 필요한 대수였다. 통신기기는 발주 대수가 늘어나면 늘어날수록 가격이 급격히 내려간다. 예를 들어 100만 대를 발주하게 되면 1만 대 발주했을 때보다 한 대당 가격으로 치면 몇 배나 떨어진다.

그러나 소프트뱅크의 자재조달 담당자는 좀처럼 발주를 하지 않았다. 몇 가지 이유가 있었다. 영업 부서에서 매진되었다고 통보하지 않은 단계에서 발주를 하면 자신이 책임을 져야 할지도 몰랐다. 또 품질에 문제가 생기면 그것 역시 자신의 책임이 될 수 있었다.

이러한 우려 때문에 직원들은 당연히 몸을 사린다. 보통의 회사라면 이 단계에서 결재를 올린다. 자재조달 부서에서 영업 부서와 품질관리 부서, 그리고 재무 부서 등을 거쳐 비로소 최고경영자까지 결재가 올라간다.

그러나 이런 식으로 업무를 처리하면 100만 대 발주는 불가능해진다. 영업 부서는 10만 대가 한계라고 말할 것이며, 품질관리 부서는 사전에 상대 측 공장을 시찰한 다음 결정해야 한다고 말할 것이다. 또한 재무 부서는 지불조건에 대해 요구사항을 제시한다. 그리하여 각 부서 사이에 조정을 하다 보면 가장 안전하면서도 사업에 보탬이 되지 않는 선택을 하게 된다.

그래서 손정의는 자신이 직접 결재를 한 다음 모뎀을 보내 달라고 주문했다. 몇 년 후의 사업비전에 입각해 적어도 대수 발주에 있어서만큼은 자신이 관여했다. 그리하여 비로소 야후BB는 저가로 서비스를 시작할 수 있게 된 것이다.

이처럼 리스크를 안고 갈 수 있는 것은 손정의가 오너 대표이기 때문에 가능하다는 지적도 있다. 그러한 지적도 일리가 있다. 그러나 10년 전까지는 대기업에서도 이와 유사한 방식으로 리스크를 취했다. 즉, "내가 책임을 질 테니 알아서 적극적으로 처리하라"라는 것이 상사와 부하의 관계였다.

실은 이와 같은 상하관계는 연공서열·종신고용을 전제로 하는 대기업에서는 일반적인 현상이었다. 이는 몇 십 년 동안 사내에서 실적과 신뢰를 쌓아올린 이사·부장 등이 부하직원들로 하여금 리스크 발생을 의식하지 말고 신규 사업을 과감하게 추진하라는 특단의 조치였다.

그러나 오늘날에는 대기업의 이사든 부장이든 단기 실적에만 집착하게 되었다. 그 결과 부하직원들이 "내가 책임을 질 테니 알아서 적극적으로 처리하라"라는 식으로 지시를 받아 신규 사업을 성공리에 추진한 사례가 많지 않다. 이러한 현상이 지배적인 기업은 차츰 쇠퇴하게 된다. 간부급 사원들이라면 적어도 자신의 자리 보전이나 사내 부서 간 논리에만 연연하지 말고 전사적인 관점에서 리스크를 떠안고 새로운 사업에 도전하겠다는 자세로 임하는 것이 무엇보다도 중요하다.

손정의 신드롬을 불러일으킨 상식을 파괴하는 비즈니스 테크닉을 기술하면서 새삼 느낀 점은 손정의는 소프트뱅크를 설립했을 당시인 30년 전이나 지금이나 한결같다는 것이다. 손정의는 처음부터 300년간 영속하는 소프트뱅크라는 비전을 품고 있었다. 지금도 이 비전을 실현하기 위해 매진하고 있다.

그러나 필자는 이 비전 실현에 다소 불안감을 느끼고 있다. 왜냐하면 이미 소프트뱅크가 완전히 대기업으로 성장했기 때문이다.

손정의의 이념과 철학은 진화론의 영향을 많이 받았다. '종의 영속성을 보존하기 위해선 다양성이 필요하다'라는 것이다. 이러한 원칙 외에도 최근 주목할 만한 진화론 가운데 '진화의 불가역성 Irreversibility of Evolution'이라는 원칙이 있다.

이는 '생물은 진화하는 과정에서 퇴화된 기관을 필요에 의해서 되찾을 수 없다'는 원칙이다. 고래가 수중생활로 되돌아갔다고 해서 아가미가 다시 생기지 않는 것이 좋은 예다.

다른 예로 새의 일종인 공포새terror birds를 들 수 있다. 공포새는 백

악기 말 공룡이 전멸한 후 생태계의 정점에서 군림하던 사나운 조류였다. 백악기는 중생대를 셋으로 나누었을 때 마지막 시대로, 약 1억 3500만 년 전부터 6500만 년 전까지의 기간에 해당한다. 공포새는 몸길이가 수 미터에 달하고 탄탄한 다리를 가졌으며 소형 포유류 등을 잡아먹었다. 원래 조류는 소형의 육식공룡에서 갈라져 나왔다는 주장이 정설로 받아들여지고 있는데, 그러한 의미에서 공포새는 격세유전*을 한 것이 된다.

그러나 공포새와 소형 육식공룡과는 커다란 차이점이 있다. 즉, 공포새의 앞다리는 진화 과정에서 날개가 되었으며, 소형 육식공룡처럼 먹이를 움켜쥐는 앞다리는 다시 회복할 수 없었다. 또한 육식공룡과 원시적인 조류는 날카로운 이빨을 지니고 있었지만, 공포새는 그것을 되찾을 수 없었다. 그 때문에 공포새는 그 후 진화한 포유류와의 경쟁에서 패해 전멸했다. 이것이 진화의 불가역성이다.

소프트뱅크는 단기간에 손정의가 주도하는 대기업, 아니 거대기업으로 성장했다. 그리고 지금은 손정의에 의지하지 않고 영속하는 은하계처럼 그룹으로 존재하는 형태를 지향하고 있다. 그 때문에 생각해 낸 중요한 방안이 소프트뱅크 아카데미아를 설립하는 것이었다. 그러나 지금과 같이 강의와 발표를 기본으로 하는 수업으로

---

*격세유전**atavism** : 한 생물의 계통에서 선조와 비슷한 형질이 몇 세대 후에 나타나는 현상으로 귀선유전이라고도 한다.

일관하면 탁월한 경영자를 길러 내기 어렵다.

걸출한 경영자는 쉽게 만들어지지 않는다. 미국의 MBA<sup>Master of</sup> Business Administration(경영학 석사) 코스가 있지만 실제로  IT기업의 창업자 가운데 MBA 출신은 거의 없다. 그것은 제아무리 MBA에서 이론을 배우고 사례연구를 거듭한다 해도 무에서 시작하는 사업에 맞닥뜨렸을 때 필요한 경영능력까지 배울 수는 없기 때문이다. 역시 창업한 벤처기업인의 경영능력에는 미치지 못하더라도 그에 준하는 경영능력을 습득하려면 실전을 거듭하는 수밖에 없다. 지금 소프트뱅크는 다시 자회사를 설립하고 있기 때문에 그와 같은 환경을 제공할 수 있다.

그러나 자회사를 여러 개 만들어 많은 CEO를 배출한다고 문제가 해결되는 것은 아니다. 일본에서도 IT버블이라 일컬었던 시기에 기업을 공개한 IT기업들은 소프트뱅크를 모방해 많은 자회사를 만들었다. 당연히 자회사의 CEO가 대거 탄생했다.

필자도 당시 상황을 잘 기억하고 있다. 그러한 신생 IT기업의 자회사 CEO들은 밤마다 유흥가에 모여 술을 마시면서 요란을 떨었다. 모기업의 이름이 자회사에도 붙어 있기 때문에 명함에도 무게가 있었다. 또한 모기업의 경우, 기존 사업에서는 반드시 이익을 내도록 주주들로부터 압력을 받기 때문에 긴장을 늦추지 못하지만, 신규 사업이라면 당분간은 이익이 생기지 않아도 추궁받지 않는다. 그러다가 모기업, 자회사 모두 공중분해되는 비극을 맞게 되는 경우를 많이 봤다.

예비 경영자에게는 경영자로서 경험을 쌓게 하면서 정도를 걷도록 지도하는 것이 중요하다. 소프트뱅크 아카데미아도 그와 같은 관점에서 경영자가 직면하는 하나하나의 실제 상황에 대해 경영자의 의견을 듣고 때로는 실패하더라도 그것에 대해 조언을 하는 방식을 취할 필요가 있다.

실은 필자 역시 능력이 부족한 상태이지만, 소프트뱅크에서의 경험을 살려 몇몇 벤처기업의 사외이사를 역임하면서 다양한 방식으로 조언을 하고 있다.

손정의식 경영기법에 대해서는 아직도 언급하지 못한 부분이 많다. 필자는 겨우 실제 상황을 통해 설명하는 데 그쳤다. 만약 필자에게 조언할 내용이 있으면 언제든지 알려 주기 바란다.

# 시간만 죽이는 공부는 그만!

# 샐러던트 필독서!

## 머리가 굳은 게 아니라, 방법이 틀렸다!

## 요령껏 공부하는 테크닉 가이드!

자신의 공부 방법을 진단하고 해결책을 제시해 줄, 어른들을 위한 매뉴얼.
비전, 실행, 점검, 쇄신이라는 4단계법으로 자신의 노력과 시간이 헛되게 새는 것을 막자.

《늦깎이들을 위한 초능률 공부 비법》 김효동 지음 | 값 12,000원